Matthias Brandt

ZIELE ERREICHEN MIT SYSTEM

Wie Sie langanhaltende Motivation entwickeln, Ihr Mindset auf maximalen Erfolg programmieren und durch strategische Planung Ihr Traumleben aufbauen

Bibliographische Information der Deutschen Nationalbibliothek:
Die Deutsche Nationalbibliothek verzeichnet diese Publikation in der deutschen Nationalbibliographie; detaillierte bibliographische Daten sind im Internet über http://dnb.dnb.de abrufbar.

Originale Erstauflage: Juli 2020

Haftung für externe Links

Layout: Ka & Jott, Bernau bei Berlin

Coverbild: Bizvector; Adobe Stock

Druck / Auslieferung: Amazon oder eine Tochtergesellschaft

Herausgeber: J. Loewenstein Media GmbH; Ericusspitze 4, 20457 Hamburg

Independently published | ISBN: 979-8667041016

INHALT

Vorwort

„Das mache ich morgen“, „Das kann ich auch später noch erledigen“. Kommen Ihnen diese Sätze bekannt vor? Sie sind ein akuter Fall von Aufschieberitis. Doch seien Sie vorsichtig. Dieser akute Fall kann sich auch in einen chronischen entwickeln. Wenn wir immer nur Dinge aufschieben und sie nicht endlich einmal anpacken, werden unsere Träume und Ziele niemals Wirklichkeit.

Durch das permanente Aufschieben rücken unsere Ziele in immer weitere Ferne. Wir tanzen auf der Stelle. Doch statt uns auf unser Ziel zuzubewegen, bleiben wir einfach stehen und machen … nichts. Damit ist jetzt Schluss!

In diesem Ratgeber lernen Sie alles, was Sie brauchen, damit Sie endlich Ihre Träume leben und Ihre Ziele erreichen können. Durch einfache Kniffe können Sie für sich eine Routine entwickeln, die Sie automatisch zu allem führt, was Sie sich wünschen. Machen Sie sich bereit für diese einfachen, aber lebensverändernden Methoden.

Lernen Sie, wie Sie endliche Ihre schlechten Gewohnheiten ablegen, die Sie daran hindern, Ihre Ziele zu erreichen. Setzen Sie sich jetzt große Ziele, und erreichen Sie diese mit Kopf, Herz, Leidenschaft – und vor allem mit System. Ändern Sie Ihre innere Einstellung, und setzen Sie alles auf Erfolg.

Sie werden überrascht sein, wie viele Türen sich Ihnen öffnen werden, wenn Sie sich endlich dazu entschließen, die positive Energie in Ihr Leben zu lassen, und gleichzeitig die richtigen Schritte in Richtung Ziel gehen.

Wachsen Sie über sich hinaus, und programmieren Sie sich selber endlich auf Erfolg. Jeder Mensch kann erfolgreich sein – auch Sie! Setzen Sie der Prokrastination endlich ein Ende, und werden Sie zu einem Macher. Freuen Sie sich auf eine wilde Reise zu Ihrem neuen Ich, und bekommen Sie endlich das, was Sie sich immer gewünscht haben.

Einleitung – Ziele sind Wachstum, und Wachstum bedeutet Leben

In diesem Ratgeber geht es darum, wie Sie effektiv Ihre Ziele angehen und diese endlich verwirklichen. Jeder von uns hat Träume und Ziele im Leben, die er verwirklichen möchte. Doch nur sehr wenige Menschen arbeiten auch aktiv an ihren Zielen. Die meisten hängen ihren Träumen nur nach und warten auf ein Wunder – nur dass dieses Wunder ohne Arbeit niemals geschehen wird.

Ich möchte Ihnen mit diesem Ratgeber effektive Hilfsmittel an die Hand geben, die Ihnen Ihre Zielerreichung erleichtern sollen. Jeder verdient es, das Leben zu führen, das er sich wünscht. Dafür müssen wir jedoch Verantwortung übernehmen und dürfen unser Schicksal nicht den anderen überlassen.

Wir müssen unser Leben selbst in die Hand nehmen und an uns arbeiten. Nur dadurch können wir wachsen. Indem wir uns konkrete Ziele im Leben setzen, wachsen wir über uns hinaus. Und Wachstum bedeutet immer auch Leben. Ohne Wachstum stehen wir still und drehen uns nur im Kreis.

Doch das wird uns niemals weiterbringen, sondern wir werden nur weiterhin in unserem Alltagstrott feststecken und auf ein besseres Leben hoffen. Sind Sie also bereit, Ihr Leben selbst in die Hand zu nehmen und Ihre Träume zu verwirklichen? Dass Sie diesen Ratgeber in der Hand halten, zeigt, dass Sie dazu bereit sind. Bereit, aus dem Hamsterrad auszubrechen und endlich die Dinge anzugehen.

Lassen wir also gemeinsam unsere schlechten Gewohnheiten los, und brechen wir gemeinsam in ein neues Leben auf. Ein Leben voller positiver Energie und Erfolg.

In diesem Ratgeber werden Sie lernen, wie Sie endlich Ihre lästigen Gewohnheiten loswerden und stattdessen neue Rituale etablieren, die Sie bei Ihrer Zielerreichung unterstützen. Sie werden lernen, wie Sie aufhören, nur zu träumen, und endlich anfangen, Ihr Leben zu leben. Weiterhin zeige ich Ihnen, was es mit dem Gesetz der Anziehungskraft auf sich hat und welche positiven Auswirkungen das auf Ihr Leben haben wird, wenn Sie es befolgen.

In einem nächsten Schritt werden wir gemeinsam herausfinden, was Ihr großer Lebenstraum ist und wie Sie diesen effektiv gestalten können, damit er sich bewahrheitet. Ich zeige Ihnen die Vorteile der SMART-Formel, wie Sie zu einem Macher werden und warum Sie die Kraft der Visualisierung in Ihr Leben lassen sollten. Dies ist nämlich die einzige Methode, bei der Sie aktiv träumen und sich Ihr Leben in den buntesten Farben ausmalen dürfen.

Weiterhin zeige ich Ihnen, welchen Einfluss Ihr Umfeld auf Ihr aktuelles Leben hat und warum Sie dieses einmal genauer unter die Lupe nehmen sollten. Außerdem geht es um die Bedeutung von Vorbildern und darum, weshalb es so wichtig ist, dass wir Personen in unserem Leben haben, an denen wir uns orientieren können.

Außerdem zeige ich Ihnen, welchen großen Unterschied Leidenschaft und Begeisterung in Ihrem Leben machen und was Sie täglich aktiv tun können, um sich und alles um Sie herum mehr wertschätzen zu können.

Als Bonus habe ich noch eine perfekte Morgenroutine für Sie, die Ihre Produktivität auf ein neues Level heben und Ihr Leben sehr viel erfolgreicher machen wird. Abschließend kümmern wir uns noch um Ihre körperliche und mentale Gesundheit. Denn nur wer sich bewusst Zeit für sich nimmt, wird am Ende auch den langen Atem und die nötige Energie haben, um wirklich alles erreichen zu können.

Machen Sie sich bereit für eine Reise zum Erfolg, und starten Sie Ihr Leben – jetzt!

Feuer frei zum Raketenstart in ein neues, erfolgreiches Leben

In diesem Kapitel lernen Sie, wie Sie Ihre schlechten Gewohnheiten loslassen und damit Ihre Ziele leichter erreichen können. Weiterhin zeige ich Ihnen, wie Sie die Macht der positiven Energie für sich nutzen, um endlich erfolgreich zu werden, und wie Sie von nun an Ihr Leben selbst in die Hand nehmen und Ihre Träume zielgerichtet verfolgen.

Wie Sie von Ihren Gewohnheiten geleitet werden - und diese effektiv ändern!

Gewohnheiten. Wer kennt sie nicht? Gewohnheiten sind Rituale, denen wir regelmäßig nachgehen. Mit Gewohnheiten verbinden wir vorrangig Negatives und Schlechtes. Doch Gewohnheiten sind nicht per se etwas Schlechtes. Ganz im Gegenteil. Ohne Gewohnheiten könnten wir unseren normalen Alltag nicht bewältigen.

Zähne putzen, Kaffee kochen, Auto fahren etc. sind allesamt Gewohnheiten. Nun stellen Sie sich einmal vor, dass Sie nicht mehr wüssten, wie all diese Dinge funktionieren, und Sie sie jeden Tag aufs Neue erlernen müssten. Ganz schön ermüdend, oder? Unser Alltag wäre eine reine Katastrophe, und wir würden vor Erschöpfung wahrscheinlich schon mittags wieder ins Bett fallen.

Gewohnheiten sind für unseren Körper und unser Gehirn ungemein wichtig. Sie sparen damit enorm viel Energie, die Sie für die wirklich wichtigen Dinge nutzen können. Doch leider sind Gewohnheiten nicht immer so positiv. Über die Zeit schleichen sich in unseren Alltag auch schlechte Gewohnheiten ein. Rauchen, zu viel Fernsehen, langes Schlafen …

Diese Gewohnheiten sind mehr Laster, als dass sie uns in unserem Leben voranbringen. Wenn wir also von Gewohnheiten sprechen, die wir gerne verändern möchten, sprechen wir von diesen Lastern, die uns ausbremsen. Doch diese Gewohnheiten zu ändern ist gar nicht so einfach, wie es klingt.

Wir haben uns unsere Gewohnheiten über einen sehr langen Zeitraum antrainiert. Sie sind tief in unserem Unterbewusstsein verankert, und es ist sehr schwierig, sie daraus wieder zu löschen. Das Schema, mit dem sich unsere Gewohnheiten in unserem Unterbewusstsein festsetzen, ist dabei immer das gleiche: Am Anfang steht immer der Auslöser. Dieser Auslöser ist für die darauffolgende Handlung, die wir ausführen, verantwortlich. Auslöser sind immer spezifisch und individuell. Mögliche Auslöser sind zum Beispiel bestimmte Orte, Menschen, Zeiten oder Emotionen.

Welche Auslöser für Ihre Gewohnheiten verantwortlich sind, müssen Sie für sich selbst herausfinden. Sie können zum Beispiel eine Woche lang eine Strichliste führen, bei der Sie jedes Mal, wenn Sie sich bei einer Gewohnheit ertappen, notieren, welcher Auslöser dafür verantwortlich war.

Nur wenn Sie am Ende den Auslöser ausfindig machen, können Sie langfristig Ihre Gewohnheiten ändern. Nach dem Auslöser und der Handlung kommt die Belohnung. Jedes Mal, wenn wir unserer Gewohnheit oder einer neuen potenziellen Gewohnheit nachgehen, wird Dopamin in unserem Körper freigesetzt. Wir fühlen uns glücklich und wohl. Diese Information speichert unser Gehirn. Jedes Mal, wenn wir uns in einer ähnlichen Situation befinden, erinnern wir uns unterbewusst daran, was uns das letzte Mal ein positives Gefühl gegeben hat, und handeln automatisch wieder danach. Dadurch können sich unsere Gewohnheiten festigen.

Die Auslöser führen zu einer Handlung, die Handlung zu einer Belohnung, und das stetige Wiederholen führt zu der Gewohnheit. Das ist der sogenannte neuronale Kreislauf. Wenn Sie sich zum Beispiel unglücklich oder frustriert fühlen und Sie zur Zigarette greifen, löst dies in Ihrem Körper ein gutes Gefühl aus.

Sie fühlen sich entspannter, und alles erscheint vielleicht gar nicht mehr so schlimm. Wenn Sie sich das nächste Mal schlecht fühlen, ist die Wahrscheinlichkeit hoch, dass Sie wieder zur Zigarette greifen. Je öfter Sie dies wiederholen, desto tiefer kann sich diese Gewohnheit in Ihrem Unterbewusstsein festsetzen. Wir sind also für unsere schlechten Gewohnheiten selber verantwortlich. Das klingt vielleicht erst einmal hart, aber es bedeutet auch, dass wir selbst unsere Gewohnheiten auch wieder ändern können.

Doch was können wir nun konkret dagegen tun? Wie bereits erwähnt ist es sehr schwierig, einmal erlernte Routinen und Strukturen einfach so zu löschen. Vielmehr ist es besser, wenn wir unsere alten Gewohnheiten mit neuen Routinen überlagern. Wir löschen also nicht die alte Gewohnheit aus unserem Unterbewusstsein, sondern ersetzen sie durch eine neue.

Nichtsdestotrotz erfordert das viel Disziplin und Ausdauer und ist nicht von heute auf morgen gemacht. Es heißt, dass man ungefähr 66 Tage braucht, um die neue Routine zu verinnerlichen und sie automatisch auszuführen, ohne dass man sich bewusst dafür entscheiden muss.

Denn genau das müssen wir am Anfang machen. Jedes Mal, wenn wir in Versuchung geraten, in unsere alte Gewohnheit zu verfallen, müssen wir uns bewusst für eine Handlung entscheiden. Wenn Sie zum Beispiel morgens zu lange schlafen, brauchen Sie eine neue Handlung, der Sie nachgehen, sobald der Auslöser, der Wecker, in Erscheinung tritt.

Statt sich noch einmal umzudrehen, könnten Sie vielmehr eine kleine Sporteinheit von 10 bis 15 Minuten absolvieren. Wenn also das nächste Mal Ihr Auslöser und damit der Wecker klingelt, müssen Sie sich bewusst *dagegen* entscheiden, liegen zu bleiben, und sich bewusst *dafür* entscheiden, aufzustehen und Sport zu machen.

Das wird Sie am Anfang viel Überwindung kosten, und Sie werden sehr oft in Versuchung kommen, einfach wieder in Ihre alten Gewohnheiten zu verfallen. Denn genau das ist eine Gewohnheit auch: Sie ist einfach. Sie ist unsere Komfortzone. Und diese gilt es zu verlassen. Das kann hart und schmerzhaft sein, doch ich verspreche Ihnen, dass es sich lohnen wird!

Wenn Sie sich dazu entschieden haben, Sport zu treiben, werden Sie auch hier das Gefühl einer Belohnung haben. Diese sollten Sie ebenfalls bewusst spüren und genießen, damit sie sich noch besser in Ihrem Unterbewusstsein verankern kann.

Übernehmen Sie sich am Anfang nicht, und ändern Sie Ihre Gewohnheiten Schritt für Schritt. Versuchen Sie nicht, von jetzt auf gleich Ihr ganzes Leben umzukrempeln. Nehmen Sie sich erst einmal eine Gewohnheit, und ändern Sie diese. Wenn Sie das geschafft haben, nehmen Sie die nächste Gewohnheit in Angriff.

Je konsequenter Sie diese Prinzipien verfolgen, desto schneller werden Sie Erfolge sehen. Seien Sie jedoch nicht frustriert, wenn es bei Ihnen etwas länger dauern sollte, bis sich Ihre neue Routine festigt. Jeder Mensch hat seinen eigenen Rhythmus. Feiern Sie sich stattdessen dafür, dass Sie etwas für sich und Ihr neues, erfolgreiches Leben tun.

Seien Sie stolz auf sich. Denn Sie leisten damit schon sehr viel mehr als andere Menschen, die es sich in ihrer Komfortzone so richtig gemütlich machen, aber dafür gleichzeitig auch niemals ihre wahren Träume erreichen werden. Sie sind anders. Denken Sie immer daran!

Hören Sie auf zu träumen, und nehmen Sie ab heute Ihr Leben in die Hand

Viele Menschen haben eine Vorstellung davon, wie ihr perfektes Leben aussehen würde. Doch in den meisten Fällen führen sie dieses Leben nicht, sondern leben ein ganz anderes Leben. Es gibt nur sehr wenige Menschen, die ihren Traum leben. Doch was machen diese Menschen so grundlegend anders? Warum erreichen manche Menschen alles, was sie sich erträumen, und andere treten nur auf der Stelle?

Die Antwort liegt im Handeln. Einfach machen. Wenn Sie Ihre Ziele und Träume erreichen möchten, reicht es nicht aus, nur darauf zu warten, dass sich etwas ändert. Sie müssen auch etwas dafür tun. Sie müssen den Absprung wagen. Den Absprung ins Ungewisse. Das ist für viele ziemlich angsteinflößend. Und genau deshalb springen sie nicht. Stattdessen stehen sie nur wie gelähmt da und warten darauf, dass sie jemand schubst – doch das wird nur in den seltensten Fällen passieren. Wenn Sie Ihr Traumleben leben und all Ihre Ziele erreichen möchten, müssen Sie ins kalte Wasser springen und endlich anfangen, Ihr Leben selbst in die Hand zu nehmen. Sie müssen zu einem Macher werden.

Träume und Ziele sind natürlich wichtig. Sie sind der erste Schritt, den wir machen müssen. Denn wenn wir keine Ziele haben, haben wir auch nichts, worauf wir hinarbeiten können. Doch nur Ziele zu haben reicht leider nicht aus. Sie erfüllen sich nun mal nicht von alleine. Stattdessen müssen wir aktiv werden und aktiv an unseren Zielen arbeiten.

Sie selbst sind für Ihr Leben verantwortlich. Niemand sonst. Das ist etwas sehr Grundlegendes, das Sie unbedingt verinnerlichen müssen. Sie sind für Ihr Leben und dessen Gestaltung verantwortlich. Das bedeutet zugleich: Wenn Sie Ihre Ziele nicht erreichen, sind auch Sie dafür verantwortlich.

Wir dürfen die Verantwortung für unser Leben nicht abgeben. Denn es gibt niemanden, der unser Leben für uns führt. Das machen wir selber. Warum also sollte dann jemand anderes dafür verantwortlich sein? Oft geben wir die Verantwortung ab und geben anderen die Schuld daran, wenn in unserem Leben nicht alles nach Plan läuft.

Der Staat unterstützt mich nicht genug, mein Chef legt mir Steine in den Weg, meine Freunde glauben nicht an mich ... Das alles sind Ausreden. Sie sind nicht der Grund, warum wir unsere Ziele nicht erreichen. Unsere innere Einstellung ist der wahre Grund. Natürlich sind die oben genannten Beispiele vielleicht Dinge, die unser Leben beeinflussen und manchmal auch erschweren. Doch sie sind nicht der Grund für unser Scheitern.

Wir entscheiden selbst, wie wir damit umgehen. Wir sollten uns also nicht auf die Probleme fokussieren, sondern auf Lösungen und Chancen, die sich daraus ergeben. Wenn Sie sich nur auf die Probleme konzentrieren, werden Sie wie vor einer Wand stehen und nicht weiterkommen. Jammern und die Verantwortung für das eigene Leben abgeben sind jedoch keine Optionen. Lassen Sie sich nicht von der Außenwelt von Ihren Zielen abhalten. Sie haben einen Traum. Und dieser Traum soll wahr werden. Glauben Sie an sich, und setzen Sie alles daran, dass sich Ihre Ziele erfüllen.

Hören Sie auf, nur zu träumen. Das Träumen ist der erste Schritt, doch Sie müssen auch den zweiten, dritten, vierten usw. Schritt machen. Und ich glaube auch an Sie. Ich glaube daran, dass Sie all Ihre Ziele erreichen werden. Warum ich das glaube? Weil Sie dieses Buch lesen. Dass Sie dieses Buch lesen, hebt Sie bereits von Ihren Mitmenschen ab.

Sie wollen etwas verändern. Sie wollen aus dem Hamsterrad aussteigen. Sie wollen Verantwortung übernehmen. Damit gehören Sie zu den wenigen Menschen, die in ihrem Leben alles erreichen können. Denn Sie werden aktiv. Nur wenn Sie auch aktiv werden, werden Sie Ihre Ziele schlussendlich erreichen.

Passivität führt nur dazu, dass Ihr Leben wie bisher weiterläuft. Gefangen im Alltagstrott. Doch Sie sind aktiv. Sie haben Ihr Leben in der Hand. Jeder

Schritt, den Sie tun, ist wertvoll und wird Sie näher an Ihr Ziel bringen. Halten Sie sich das immer vor Augen. Daraus können Sie unglaublich viel Kraft schöpfen.

Und diese Kraft und Energie brauchen Sie. Niemand behauptet, dass es immer einfach sei, seine Ziele zu erreichen. Doch mit einer klaren Vision, gezielten Schritten und einer Menge Energie ist alles möglich! Auch für Sie! Also übernehmen Sie die Verantwortung, und werden Sie zum Macher. Seien Sie anders als die anderen. Und werden Sie endlich einer der Menschen, die ihr perfektes Leben leben.

Das Leben ist zu kurz, um es einfach so zu verschwenden und in den Tag hineinzuleben. Sie sollen am Ende zu den Menschen gehören, die mit Stolz auf ihr Leben zurückblicken und sich selbst sagen: „Danke! Danke für dieses einzigartige Leben!“ Denn wie heißt es so schön: Am Ende bereut man nicht das, was man getan hat, sondern das, was man *nicht* getan hat! Bewahren Sie sich diesen Gedanken. Und immer, wenn Sie vor einer neuen Herausforderung stehen und Angst haben, den nächsten Schritt zu machen, denken Sie an diesen Satz. Atmen Sie einmal tief durch, und gehen Sie dann den nächsten Schritt. Ich bin fest davon überzeugt, dass er sich lohnen wird!

Positives Denken als Treibstoff für Ihre Motivation

Wie ich bereits erwähnt habe, ist die innere Einstellung essenziell, wenn es darum geht, seine Ziele zu erreichen. Sie müssen sich komplett mit positiver Energie füllen. Denn diese Energie wird Ihnen helfen, Ihre Ziele auch zu erreichen. Sie wird Ihr Motor und Ihre Antriebskraft.

Durch die positive Energie wird alles sehr viel einfacher. Sie werden mehr Kraft haben, um alles zu erreichen, was Sie sich wünschen. Sie ist unerlässlich. Denn nur, wenn Sie Ihren Zielen und den damit verbundenen Aufgaben positiv gegenüberstehen, werden sich Ihre Träume auch erfüllen.

Wenn Sie hingegen negativ gestimmt sind, ist die Wahrscheinlichkeit sehr hoch, dass Ihre Träume nur Träume bleiben werden. Das hat etwas mit dem Gesetz der Anziehungskraft oder auch dem Resonanzprinzip zu tun. Dieses Gesetz besagt, dass Gleiches Gleiches anzieht. Wenn unsere Gedanken negativ sind, ziehen wir automatisch Probleme an.

Denn sie sind in unserer Wahrnehmung so stark, dass sie sich in den meisten Fällen auch bewahrheiten werden. Unser Blick ist durch diese Einstellung auf Probleme fokussiert, und je mehr wir uns auf die Probleme und das Negative konzentrieren, desto mehr Negatives werden wir auch wahrnehmen.

Wir sehen dann nicht mehr die Chancen und Möglichkeiten, sondern stehen vor einem Berg von Problemen. Wir müssen uns stattdessen auf das Positive konzentrieren. Auf die Möglichkeiten, die wir haben. Das Negative sollten wir komplett eliminieren – das gibt es von nun an nicht mehr. Und wenn es etwas Negatives nicht mehr gibt, dann gibt es auch keine Probleme mehr.

Es gibt nur noch Chancen. Wir nehmen die Probleme nicht mehr als Probleme wahr, sondern wir suchen aktiv nach Lösungen.

Es wird immer etwas geben, das uns vor Herausforderungen stellt, und es wird nicht immer alles glatt laufen. Doch wir dürfen uns nicht darauf versteifen. Nichts ist perfekt, und das muss es auch gar nicht sein. An Herausforderungen wachsen wir.

Wachstum ist wichtig, wenn wir unsere Ziele erreichen möchten. Denn ohne Wachstum würden wir einfach dort stehen bleiben, wo wir sind. Also sollten wir Herausforderung als ein Geschenk wahrnehmen! Als etwas, woran wir wachsen können, und nicht als etwas, an dem wir scheitern und zerbrechen.

Wachstum und Herausforderungen sind positiv. Wenn Sie diese Wahrnehmung verinnerlichen und die positive Energie in Ihr Herz lassen, wird Ihnen vieles so viel einfacher vorkommen. Eine Last wird von Ihren Schultern fallen, Sie werden von Leichtigkeit erfüllt werden. Und diese Leichtigkeit trägt dazu bei, dass Sie Ihre Ziele erreichen werden.

Wenn Sie die positive Energie in Ihr Leben lassen, werden Ihnen plötzlich auf wundersame Weise wunderbare Dinge passieren. Wenn Sie Ihr Herz und Ihren Blick öffnen, wird sich Ihnen eine komplett neue Welt eröffnen, die Sie zuvor vielleicht gar nicht wahrgenommen haben.

Durch Ihre positive Ausstrahlung werden Ihnen Menschen begegnen, die ebenfalls von positiver Energie erfüllt sind. Oder die Menschen werden von Ihrer positiven Energie angesteckt und können Ihnen dadurch etwas zurückgeben. Genau das ist das Gesetz der Anziehungskraft.

Wenn Sie positive Energie aussenden, wird auch positive Energie zurückkommen. Das klingt Ihnen zu simpel? Probieren Sie es mal aus! Wenn Sie das nächste Mal unterwegs sind, füllen Sie sich mit positiver Energie. Öffnen Sie Ihr Herz, saugen Sie sich mit Glück voll – und strahlen Sie dieses Glück aus.

Beobachten Sie die Menschen um Sie herum. Begegnen Sie ihnen unvoreingenommen und mit Positivität. Denken Sie über jeden Menschen, den Sie ansehen, nur Positives. Ich verspreche Ihnen, dass Ihnen Dinge passieren werden, die Ihnen zuvor vielleicht noch nie passiert sind. Die Menschen werden Ihr Lächeln erwidern, Sie werden wahrscheinlich von fremden Menschen angesprochen werden, und die Menschen werden Ihnen etwas Positives zurückgeben. Es wird sich alles so viel leichter anfühlen, und Sie werden das Gefühl haben, dass Sie wie auf Wolken gehen.

Wenn Sie stattdessen den gleichen Test machen, indem Sie sich mit negativer Energie füllen, wird hauptsächlich negative Resonanz zurückkommen. Die Menschen werden Sie grummelig anschauen, Sie werden genervt sein, und vieles wird wahrscheinlich schieflaufen. Das ist wie eine Abwärtsspirale: Je negativer Sie eingestellt sind, desto negativere Dinge werden Ihnen passieren, was Ihre eigene negative Einstellung nur bestätigt und verstärkt.

Positive Energie hingegen funktioniert wie eine Aufwärtsspirale. Je positiver Sie sind, desto schönere Dinge werden Ihnen passieren, die Ihre Positivität verstärken.

Entscheiden Sie also selbst, in welcher Spirale Sie sich befinden möchten. In der Aufwärts- oder der Abwärtsspirale? Ich denke, die Antwort ist eindeutig!

Die positive Energie wird Ihre Motivation, Ihre Ziele zu erreichen, erhöhen. Und nicht nur das: Sie wird Ihre Zielerreichung sogar fördern. Lassen Sie also die volle Kraft der positiven Energie in Ihr Leben, und zehren Sie davon. Mit der richtigen positiven Einstellung wird sich alles fügen.

Sie werden eine so starke Energie aussenden, dass diese Energie zu Ihren Gunsten wieder zurückkommt. Sie werden wie von einer magischen Hand geleitet. Das ist etwas, das man wissenschaftlich nicht richtig erklären kann – doch wir müssen nicht alles wissen und komplett verstehen.

Wir müssen nur glauben. Und wenn wir glauben, dass wir alles erreichen können, was wir uns wünschen, und diese positive Energie ins Universum schicken, dann werden sich diese Träume auch bewahrheiten. Natürlich immer vorausgesetzt, dass wir auch gezielte Handlungen vornehmen.

Wir können nicht nur auf dem Sofa sitzen und träumen und dann erwarten, dass sich diese Träume auch erfüllen. Zielorientierte Handlungen sind immer unerlässlich. Doch gepaart mit positiver Energie erschaffen Sie ein unschlagbares Duo, das Sie alles erreichen lässt, was Sie sich vornehmen!

Zusammenfassung

Sie wissen nun, wie wichtig es ist, dass Sie Ihre schlechten Gewohnheiten ablegen und stattdessen neue Rituale, die Ihnen bei Ihrer Zielerreichung helfen werden, in Ihr Leben lassen. Gleichzeitig sollten Sie die positive Energie in Ihr Leben lassen und von deren positiver Auswirkung auf Ihr ganzes Leben zehren. Das Gesetz der Anziehungskraft ist so stark, dass Sie es nur für die positiven und nicht für die negativen Dinge nutzen sollten. Schließlich wird sich das, was Sie sich ausmalen, sehr wahrscheinlich auch bewahrheiten. Nutzen Sie also die positive Energie, und übernehmen Sie gleichzeitig die Verantwortung für Ihre Handlungen. Wenn Sie diese Dreierkonstellation befolgen, haben Sie schon einen sehr großen Schritt in die richtige Richtung gemacht.

Warum die Größe Ihrer Ziele über Ihr Lebensglück entscheidet

Finden Sie in diesem Kapitel heraus, was Ihr größtes Ziel im Leben ist und wie Sie es erfolgreich erreichen. Weiterhin zeige ich Ihnen zwei Techniken, die Ihnen die Zielerreichung erleichtern werden. Nutzen Sie die SMART-Formel, um Ihre Ziele wirksam umzusetzen, und erstellen Sie sich einen genauen Plan, um Ihre Ziele stets vor Augen zu haben und keine Ausreden mehr gelten zu lassen. Glauben Sie an sich selbst, und tauchen Sie mit mir in die Welt der Visualisierung ein, um stets fokussiert zu bleiben und noch effektiver Ihre Ziele zu erreichen.

Die wichtigste Frage Ihres Lebens: Was ist Ihr größtes Ziel?

Sie haben sich endlich dazu entschlossen, Ihr Leben selbst in die Hand zu nehmen und hart für Ihre Ziele zu arbeiten. Doch um dies auch umsetzen zu können, müssen Sie sich zunächst die Frage stellen, was überhaupt Ihre Ziele im Leben sind. Wenn Sie das nicht wissen, werden Sie sich nur im Kreis drehen und am Ende enttäuscht sein, dass es nicht so läuft, wie Sie es sich vorgestellt haben. Sie müssen sich Ihrer Ziele bewusst werden und diese für sich selbst erst einmal definieren.

Wichtig dabei ist, dass Sie sich möglichst große Ziele setzen. Suchen Sie sich ein Ziel, das zunächst unerreichbar scheint. Wenn Sie sich nur kleine Ziele setzen, werden Sie auch nur Kleines erreichen – Sie bleiben dann in Ihrer Komfortzone. Doch Sie brauchen Wachstum und das Gefühl, dass Sie wirklich etwas verändert haben.

Natürlich müssen Sie dieses große Ziel nicht in einem einzigen Schritt erreichen. Auch kleine Schritte führen am Ende zum Ziel. Unterteilen Sie sich Ihr großes Ziel in kleine Zwischenziele. Doch das Endziel sollte immer groß sein. Das Motto lautet also: Kleine Baby-Schritte machen, aber wie ein großer Mensch denken!

Dieses große Ziel wird Sie motivieren und Sie zum Durchhalten animieren. Die erreichten kleinen Zwischenziele werden Ihr Selbstbewusstsein stärken und Sie noch stärker dazu motivieren, weiterzumachen.

Doch wie setzen Sie sich jetzt große Ziele? Dafür müssen Sie tief in sich gehen und in sich hineinhören. Nehmen Sie sich bewusst Zeit dafür. Suchen Sie sich einen ruhigen Platz, an dem Sie vollkommen ungestört sind und nicht abgelenkt werden. Und dann fragen Sie sich selbst: Was ist das größte Ziel bzw. was sind die größten Ziele, das/die ich in meinem Leben erreichen möchte?

Sie können erst einmal damit beginnen, alles aufzuschreiben, was Ihnen in den Sinn kommt. Mit Sicherheit werden Sie mehrere Ideen haben. Schreiben Sie ruhig alles auf. Egal, wie verrückt und abwegig die Ideen vielleicht im ersten Moment für Sie sind. Wenn Sie das erledigt haben, sehen Sie sich Ihre Ziele an. Was fühlen Sie, wenn Sie diese noch einmal durchlesen? Welche Ziele zaubern Ihnen ein Lächeln ins Gesicht? Mit welchen Zielen können Sie sich wirklich identifizieren?

Nehmen Sie sich jedes Ziel einmal einzeln vor. Stellen Sie sich vor, wie Ihr Leben aussehen würde, wenn Sie diese Ziele erreicht haben. Ist es das Leben, das Sie sich wünschen? Bedenken Sie alle Faktoren, die damit zusammenhängen. Und dann fragen Sie sich, ob Sie bereit sind, alles dafür zu tun, um dieses Ziel zu erreichen.

Alles, was damit zusammenhängt. Ist es das Ziel wert? Sind Sie bereit, diesen Weg zu gehen? Wenn Sie diese Fragen mit Ja beantworten können, dann ist dieser Wunsch wirklich Ihr Traum. Ihre Ziele sollten Ihnen wirklich etwas bedeuten. Wenn Sie keine Bedeutung und keine emotionale Verbindung dazu haben, werden Sie früher oder später aufhören, für dieses Ziel zu arbeiten.

Denn es wird keinen Sinn für Sie haben. Sie fühlen es nicht. Und wenn Sie es nicht fühlen und keine Verbindung dazu haben, warum sollten Sie dann Ihr ganzes Leben darauf ausrichten? Ihre Ziele sollten Sie komplett erfüllen. Mit allem, was damit zusammenhängt. Das wird Ihr Motor und Ihre Antriebskraft sein.

Ohne Sinn werden Sie aufgeben. Und das wird Sie demotivieren, weitere Ziele in Angriff zu nehmen. Schließlich haben Sie in Ihren Augen schon einmal versagt. Doch Sie haben nur aufgegeben, weil es nicht das Richtige für Sie war. Wenn Sie diese Erfahrung schon einmal gemacht haben, führen Sie sich das vor Augen. Sie haben nicht versagt. Es war nur nicht richtig.

Das sollte Sie also nicht davon abhalten, weiter für Ihre Träume zu kämpfen und diese zu verfolgen. Finden Sie für sich heraus, welches Ziel für Sie absolut lebensnotwendig ist. Finden Sie den Sinn Ihres Lebens. Stellen Sie sich die Frage, was Sie am Ende Ihres Lebens erreicht haben möchten, damit Sie für sich sagen können, dass Sie ein absolut überragendes Leben hatten.

Das ist das, was zählt. Definieren Sie Ihre Ziele für sich. Denken Sie nicht darüber nach, was andere von Ihnen halten könnten. Es ist Ihr Leben. Und das sollten Sie so gestalten, dass es Ihnen gefällt und nicht den anderen. Denn wenn Sie Ihr Leben nach der Meinung anderer ausrichten, werden Sie das irgendwann bereuen.

Wenn Sie Ihre Lebensziele gefunden haben, dann setzen Sie diese Schritt für Schritt um. Suchen Sie sich zunächst ein Ziel aus, das Sie umsetzen möchten. Versuchen Sie nicht, von jetzt auf gleich jedes Ziel, das Sie haben, zu erreichen. Das wird Sie sehr schnell überfordern und Sie vielleicht zum Aufgeben bewegen. Konzentrieren Sie sich zunächst auf ein Ziel.

Wenn Sie dieses Ziel erreicht haben, können Sie sich einem neuen Ziel widmen. So stellen Sie sicher, dass Sie Ihre Träume langfristig auch wahr machen. Wenn es Ihre Ziele zulassen, können Sie sie auch miteinander kombinieren. Vielleicht haben Sie zwei Ziele, die voneinander abhängen und sich gegenseitig fördern.

Das wäre eine Ausnahme, bei der Sie mehrere Ziele zusammen umsetzen können. Sind es aber komplett unterschiedliche Ziele, die sich nicht überschneiden, dann gehen Sie diese nach und nach konkret an. Hier verhält es sich wie mit unseren Gewohnheiten: Wir sollten den Fokus auf eine Sache legen und diese mit voller Kraft angehen. Finden Sie also die eine Sache, die Sie antreibt, und leben Sie dafür.

SMART Ziele setzen – Der Schlüssel für wirksame Zielsetzung

Während Sie für sich Ihre Ziele definieren, sollten Sie immer daran denken, dass diese Ziele auch messbar sind. Das heißt, Sie müssen ganz klar erkennen können, wann das Ziel erreicht ist. Schwammige Formulierungen reichen leider nicht aus – so haben Sie keine Kontrolle über Ihre Zielerreichung. Denn damit haben Sie die Möglichkeit, sich selbst zu belügen.

Sie können jederzeit aufhören, ohne Ihr wahres Ziel erreicht zu haben, und sich selbst sagen, dass Sie es ja so weit geschafft haben. Doch tief in Ihnen drin wissen Sie, dass Sie es eigentlich nicht wirklich geschafft haben; Sie haben nur eine Möglichkeit gefunden, Ausreden zu schaffen. Ausreden dafür, warum Sie aufgeben. Damit Ihnen das nicht passiert, sollten Sie stets die SMART-Formel benutzen. Durch die Definition von klaren, messbaren Zielen haben Sie stets eine Übersicht über Ihre Ziele und ein festes Ziel vor Augen, das Sie nicht mehr ausdehnen können. Das Erreichen des Zieles ist festgesetzt, und Sie können sich selbst stets überprüfen.

Was ist nun also diese SMART-Formel? Die SMART-Formel setzt sich aus verschiedenen Bausteinen zusammen: S (Spezifisch), M (Messbar), A (Akzeptiert), R (Realistisch), T (Terminiert).

Damit Sie ein besseres Verständnis dafür bekommen, wofür die einzelnen Bausteine stehen, möchte ich Ihnen gerne ein paar Beispiele geben, um das Ganze besser zu veranschaulichen.

S – Spezifisch

Das S steht dafür, dass Sie Ihr Ziel so spezifisch wie möglich definieren. Vage Aussagen wie zum Beispiel „Ich möchte reich werden“ sind keine spezifischen Ziele. Es gibt also keinen Punkt, an dem Sie definiert haben, wann dieses Ziel erreicht ist. Nennen Sie daher konkrete Zahlen, Fakten und Daten, und gehen Sie dabei ins Detail. Je spezifischer Ihr Ziel ist, desto besser. Notieren Sie sich also alles, was das genaue Ziel ausmacht und was Ihnen wichtig erscheint.

M – Messbar

Weiterhin sollte Ihr Ziel messbar sein. Das heißt, Sie nennen konkrete Zahlen, anhand derer Sie Ihr Ziel und damit schlussendlich auch Ihren Erfolg messen können. Wenn es Ihr Ziel ist, reich zu werden, dann nennen Sie eine konkrete

Zahl, von der Sie der Meinung sind, dass Sie damit den Status „reich" erreicht haben. Es ist quasi eine Größenangabe, an der Sie sich direkt orientieren können. Je nach Ziel können das natürlich auch Mengenangaben sein – wenn Sie zum Beispiel ein eigenes Unternehmen gründen oder etwas verkaufen möchten. Aber auch Zeitangaben fallen unter diesen Punkt und sind eine messbare Größe.

A – Akzeptiert

Dieser Punkt ist für Sie nur von Bedeutung, wenn Ihr Ziel ein Gemeinschaftsprojekt ist – zum Beispiel in Ihrem eigenen Unternehmen. „Akzeptiert" bedeutet, dass alle an diesem Projekt Mitwirkenden auch wirklich hinter dem Projekt stehen und es vollständig akzeptieren. Nur so kann eine gemeinsame effektive und zielorientierte Leistung zustande kommen. Wenn sich jemand nicht mit dem Ziel identifizieren kann, wird das unweigerlich Auswirkungen auf die Zielerreichung haben, da er nicht mit der erforderlichen Leidenschaft daran arbeiten wird. Verbessern Sie also das Ziel so lange, bis es alle „akzeptiert" haben.

R – Realistisch

Gleichzeitig muss das Ziel realistisch sein. Auch wenn Sie Ihre Ziele hoch stecken sollen, müssen sie immer noch realistisch in der Ausführung sein. Wenn Sie beispielsweise abnehmen möchten, ist es sehr unrealistisch zu sagen, dass Sie innerhalb einer Woche 15 kg verlieren möchten. Das wäre erstens nicht gesund und grenzt zweitens an Unmöglichkeit. Denken Sie groß, aber heben Sie nicht ab. Es gibt viele Faktoren, die auf die Zielerreichung einwirken, und diese sollten Sie auch bedenken. Setzen Sie sich also realistische Ziele, die auch mit allen abhängigen Faktoren zu erreichen sind. So ersparen Sie sich eine Menge Frustration und Stress.

T – Terminiert

Der letzte Aspekt ist die Angabe eines genauen Zeitpunkts, zu dem das Ziel erreicht sein soll. Wenn Sie zum Beispiel 20 kg abnehmen möchten, dann setzen Sie sich einen Zeitpunkt, wann Sie dies erreicht haben wollen. So haben Sie einen festen Zeitpunkt, an dem sozusagen „abgerechnet" wird. Damit stellen Sie sicher, dass Sie Ihre Zielerreichung nicht unnötig in die Länge ziehen, und haben keine Ausreden mehr. Die „Das mache ich morgen"-Ausrede gilt nicht mehr. Schließlich haben Sie eine Deadline, die Sie einhalten müssen – so haben Sie stets die Kontrolle. Besonders für Menschen, die nur unter Druck arbeiten können, ist dieser Punkt sehr hilfreich. Sie setzen sich eine künstliche Deadline, was Sie automatisch produktiver macht.

Natürlich müssen nicht immer alle Kriterien konkret zu Ihrem Ziel passen. Dann sollten Sie auch nicht krampfhaft versuchen, diese Kriterien auf Ihr Ziel anzuwenden. Versuchen Sie stattdessen, so viele Kriterien wie möglich auf Ihr Ziel anzuwenden, um es so genau wie möglich zu beschreiben. Das wird Ihnen bei Ihrer Zielerreichung eine große Hilfe sein, und Sie können sich stets daran orientieren. Formulieren Sie, passend zu Ihrem Ziel, zu jedem Punkt ein, zwei Sätze, und schreiben Sie diese nieder. So vergessen Sie nichts Wichtiges und haben gleichzeitig Ihr Ziel immer vor Augen.

Mit dieser raffinierten Methode erreichen Sie automatisch Ihre Ziele

Ich möchte Ihnen hier eine Methode zeigen, die Ihre Zielerreichung positiv beeinflusst und durch die Sie wie von Zauberhand Ihre Ziele ganz einfach erreichen können. Viele erfolgreiche Menschen nutzen diese Methode für sich. Dazu gehören zum Beispiel Jim Carrey, Oprah Winfrey und Will Smith.

Die Methode mag Ihnen vielleicht zunächst etwas ungewöhnlich vorkommen. Doch ich verspreche Ihnen, dass sie Ihnen bei Ihrem Erfolg eine große Hilfe sein wird. Nach diesem Kapitel werden Sie verstehen, was ich meine. Ich rede von Visualisierungen. Die Visualisierung ist ein mächtiges Werkzeug, wenn Sie wissen, wie Sie sie für sich nutzen können.

Jeder von uns visualisiert täglich. Doch geschieht dies meist unbewusst. In den meisten Fällen malen wir uns schon unsere nahe Zukunft aus und haben bestimmte Bilder im Kopf. Diese laufen wie ein Film in unserem Gehirn ab. Doch das Problem dabei ist, dass wir uns meistens auf das Negative konzentrieren. Während wir visualisieren, denken wir daran, was alles schiefgehen könnte, und visualisieren Probleme, die noch gar nicht vorhanden sind. Oder wir denken daran, was wir noch alles machen müssen. Diese und jene Arbeit, einkaufen, wichtige Termine … Wir verknüpfen eine negative Emotion mit diesen Handlungen. Statt uns auf die Gegenwart zu konzentrieren oder unsere Zukunft mit positiven Gefühlen zu verknüpfen, sehen wir nur das Negative.

Das führt zum einen dazu, dass wir uns sehr schnell gestresst fühlen und schon im Vorfeld keine Lust mehr auf die zukünftigen Aufgaben verspüren, und zum anderen dazu, dass sich die Wahrscheinlichkeit erhöht, dass wir negative Erfahrungen machen werden. Diese negativen, unbewussten Visualisierungen sind eng verknüpft mit dem Gesetz der Anziehungskraft.

Wenn wir uns unsere Zukunft negativ ausmalen, wird sie sehr wahrscheinlich auch negativ behaftet sein. Damit machen wir uns nicht nur unsere Zukunft, sondern auch schon unsere Gegenwart schwer. Der Schlüssel zum Erfolg liegt also darin, dass wir unserer Zukunft positiv begegnen. Machen wir Schluss mit den negativen Gedanken.

Stattdessen sollten wir uns für die Visualisierung unseres Lebens ganz bewusst Zeit nehmen und uns die Zukunft so positiv wie möglich ausmalen. Denn das wird dazu führen, dass unsere Zukunft auch positiv wird. Gleichzeitig werden Sie sich auch in der Gegenwart und im Alltag glücklicher fühlen.

Die Visualisierung sollte ein fester Bestandteil Ihres Tagesablaufs sein. So ähnlich wie das tägliche Zähneputzen. Nur so können Sie die volle Kraft der Visualisierung für sich nutzen und davon profitieren.

Sie wissen bereits, was Sie in Ihrem Leben erreichen möchten. Sie haben ein klares Ziel vor Augen. Dieses Ziel gilt es nun mit Leben zu füllen. Für die Visualisierung sollten Sie sich einen ruhigen Ort suchen, an dem Sie für einige Minuten nicht gestört werden. Zu welcher Tageszeit Sie Ihre täglichen Visualisierungen ausführen, bleibt im Grunde Ihnen überlassen.

Besonders gut geeignet sind allerdings die frühen Morgenstunden nach dem Aufstehen oder die Abendstunden, kurz bevor Sie zu Bett gehen. Hier befindet sich der Körper in einer Art Zwischenphase zwischen Schlafen und Wachsein. Er ist in dieser Zeit besonders empfänglich für die Visualisierungen. Probieren Sie einfach aus, was am besten zu Ihnen passt. Machen Sie es zu einem festen Ritual – quasi wie ein Date mit Ihrer Zukunft. Das wird Sie motivieren, und Sie werden diese Visualisierungen und die positiven Auswirkungen auf Ihr Leben schnell zu schätzen wissen.

Machen Sie es sich gemütlich, und schließen Sie sanft die Augen. Und nun stellen Sie sich vor, wie Sie Ihr Ziel, das Sie sich gesetzt haben, erreichen. Visualisieren Sie nicht den Weg dorthin, sondern konzentrieren Sie sich auf den Zeitpunkt der Zielerreichung.

Was machen Sie in dieser Situation? Wo befinden Sie sich? Wie reagieren die Leute auf Sie, wenn Sie es endlich geschafft haben? Wie verhalten Sie sich? Wie fühlen Sie sich? Versuchen Sie, die Situation so lebendig und farbenfroh wie möglich zu erleben. Sie müssen diesen Moment in Ihren Gedanken wirklich leben und die Situation richtig spüren.

Spüren Sie die positiven Emotionen und das Glück, wenn Sie es endlich geschafft haben. Dadurch kann sich die Visualisierung tief in Ihr Unterbewusstsein einbrennen. Denn Ihr Gehirn kann nicht zwischen Traum und Realität unterscheiden. Das bedeutet, es reicht völlig aus, wenn Sie sich nur vorstellen, dass Sie Ihr Ziel schon längst erreicht haben.

Für Ihr Gehirn wird es so sein, als wäre es die Wirklichkeit. Sie haben Ihr Ziel also schon längst erreicht. Wenn Sie die Visualisierung mit starken positiven Emotionen verknüpfen, wird sich diese immer tiefer in Ihr Unterbewusstsein verlagern. Dadurch werden Sie automatisch die richtigen Handlungen ausführen.

Sie werden quasi zu einer lebenden Marionette und von unsichtbaren Fäden geführt. Doch dieses Mal ist das etwas durch und durch Positives. Denn Sie haben die Fäden selber gesponnen und sich nicht von anderen beeinflussen lassen. Durch die Visualisierung setzen Sie unglaublich viel Energie frei. Energie, die Sie zu Ihrem visualisierten Ziel führen wird – ganz automatisch; denn Sie werden sich im echten Leben ganz anders verhalten. Sie werden unbewusst die richtigen Handlungen ausführen, die für Ihre Zielerreichung notwendig sind, und das Gesetz der Anziehungskraft wird sein Übriges tun. Das klingt vielleicht etwas unglaubwürdig, doch ich verspreche Ihnen, dass es funktionieren wird, wenn Sie sich wirklich darauf einlassen. Je häufiger und intensiver Sie Ihre Zielerreichung visualisieren, desto größer sind die Auswirkungen auf Ihr Leben.

Verschwenden Sie keine Gedanken mehr an etwaige Probleme, die noch gar nicht existieren. Leben Sie Ihre Visionen einmal täglich, und für den Rest des Tages leben Sie im Hier und Jetzt. Denn in der Gegenwart können Sie aktiv an Ihren Zielen arbeiten, und je positiver Sie Ihre Gegenwart gestalten, desto leichter wird Ihnen auch Ihre Zielerreichung fallen.

Sollten Sie einmal spüren, dass Sie vor einer großen Herausforderung stehen und Sie wieder in das alte Muster zurückfallen, dass Sie sich nur die aufkommenden Probleme ausmalen, sagen Sie bewusst „Stopp!". Besinnen Sie sich auf die Gegenwart und darauf, was Sie jetzt, in diesem Moment, tun können. Und dann visualisieren Sie, wie Sie diese Hürde gemeistert haben.

Konzentrieren Sie sich darauf, wie Sie es geschafft haben, und nicht auf die Probleme, die Sie dabei hatten. Keine Hürde ist so groß, dass sie nicht überwunden werden kann. Im schlimmsten Fall gehen Sie einfach darum herum.

Die Visualisierungen sollen Ihnen dabei helfen, Ihre Ziele zu verwirklichen und negative Emotionen und Probleme aus Ihrem Leben zu verbannen. Sie sollen Ihnen eine gewisse Leichtigkeit und positive Energie schenken. Ich kann Ihnen nur ans Herz legen, dieses mächtige Werkzeug auszuprobieren und von den positiven Effekten zu profitieren!

Werden Sie zur unaufhaltbaren Umsetzungsmaschine!

Damit Sie Ihre Ziele effektiv erreichen, ist es ratsam, dass Sie sich einen genauen Plan erstellen. Einen Plan, an dem Sie sich orientieren können. So wissen Sie immer ganz genau, was zu tun ist, und sind in keiner Phase orientierungs- oder ratlos. Natürlich können Sie nicht alles komplett im Detail planen. Das Leben funkt sehr oft dazwischen, und unvorhergesehene Dinge passieren sehr schnell. Doch es geht nicht darum, dass Sie alles haargenau planen. Es geht darum, dass Sie sich einen groben Weg zeichnen. Er soll Ihnen als eine Art Kompass dienen, der Ihnen stets den richtigen Weg aufzeigt, damit Sie nicht von Ihrer Route abkommen.

Sie haben sich ein großes Ziel gesteckt. Dieses gilt es nun zu erreichen. In einem ersten Schritt sollten Sie das Ziel nach der SMART-Formel einmal genau definieren, damit Sie die ersten Schritte gehen können. Wenn Sie das gemacht haben, überlegen Sie sich, wie Sie das große Ziel in kleinere Zwischenschritte unterteilen können.

Es verlangt niemand von Ihnen, dass Sie das hohe Ziel in einem Schritt direkt erreichen. Wenn Sie das schaffen, war Ihr Ziel nicht groß genug. Erstellen Sie sich also einen genauen Plan, in dem Sie festhalten, welche Schritte Sie nach und nach gehen müssen, damit Ihnen der Weg leichter fällt.

Gleichzeitig sollen Ihnen diese Zwischenschritte die Angst und die Hemmungen nehmen, Ihre Ziele konkret anzugehen. Wenn wir auf einen großen Berg steigen wollen und nach oben schauen, kann das ganz schön beängstigend sein; Sie denken vielleicht, dass Sie das niemals schaffen können.

Nun, Sie werden es auch nicht schaffen, in einem Schritt den Gipfel zu erklimmen. Doch wenn Sie sich Schritt für Schritt vorwagen, werden Sie es schaffen! Konzentrieren Sie sich auf jeden einzelnen Schritt. Haben Sie den Gipfel im Hinterkopf, doch nehmen Sie jeden einzelnen Schritt wahr, den Sie setzen. Denn diese Einzelschritte werden Sie schlussendlich an Ihr Ziel bringen.

Unterteilen Sie also Ihr großes Ziel in mehrere kleine Zwischenziele. Wie viele Zwischenziele das schlussendlich sind, liegt ganz bei Ihnen. Sie sollten nicht zu viele Zwischenziele haben, aber auch nicht zu wenige. Je kleiner die Zwischenziele sind, desto weniger werden Sie Ihre Erfolge wertschätzen und vielleicht das Interesse für das große Ganze verlieren. Wenn die Schritte zu klein sind, kann das sehr ermüdend sein, da Sie permanent das Gefühl haben, nur dafür zu arbeiten. Denn Sie müssen viele kleine Aufgaben hintereinander erledigen, anstatt nur wenige große. Das ist wie beim Gehen – wenn Sie Ihre Füße in nur kleinen Abständen voreinander setzen, wird Ihnen das Laufen schwerfallen. Es wird anstrengend. Genau das Gleiche gilt für zu kleine Zwischenziele.

Gehen Sie stattdessen extragroße Schritte, ist das ebenfalls sehr anstrengend. Es ist unnatürlich. Genauso ist es mit Ihren Zielen. Wenn Ihre Zwischenziele zu weit auseinanderliegen, haben Sie zu viel große Mühe, sie zu erreichen – was Sie ebenfalls auslaugt und Ihnen die Energie raubt. Versuchen Sie also, einen guten Mittelweg zu finden.

Sie können sich zum Beispiel ein Wochenziel setzen, das Sie innerhalb einer Woche erreichen möchten. Das gibt Ihnen auf der einen Seite relativ viel Zeit, aber auch nicht zu viel Zeit, sodass Sie das Ziel wieder vergessen könnten oder es nur vor sich herschieben, da ja noch so viel Zeit übrig bleibt. Darüber hinaus sollten Sie sich zwei Ziele setzen, die Sie innerhalb eines Monats verwirklichen möchten.

Im besten Fall bauen diese Ziele aufeinander auf, sodass sie Hand in Hand gehen. Mit dieser Methode sind Sie stets mit ausreichend Zwischenzielen beschäftigt, ohne dass es Sie komplett überfordert. Natürlich können Sie die Methode auch an Ihr Ziel anpassen und optimieren. Die oben genannte Methode soll Ihnen nur eine bewährte Möglichkeit aufzeigen, wie Sie Ihre Ziele sinnvoll aufteilen. So werden Sie gefordert, aber nicht überfordert.

Zur Unterstützung können Sie sich außerdem ein Vision Board erstellen. Auch das ist eine Form der Visualisierung und hilft Ihnen dabei, Ihre Ziele zu erreichen. Das Vision Board ist quasi eine Verbildlichung Ihrer Visualisierung. Mithilfe von gesammelten Bildern, Diagrammen, Zeichnungen oder Ähnlichem malen Sie sich Ihre Ziele aus.

Überlegen Sie also, wie Sie Ihr Ziel bildlich darstellen können bzw. welches Bild Ihr Ziel am besten widerspiegelt. Dieses Bild drucken oder schneiden Sie sich dann aus und befestigen es an einem Board. Das kann eine Pinnwand, ein Bilderrahmen, aber auch Ihr Kühlschrank sein. Um die Bilder Ihres Vision Boards zu verstärken, können Sie noch positive Affirmationen dazu formulieren, die Sie darunter anbringen. Diese Affirmationen sollten kurz und prägnant sein und immer die Gegenwart widerspiegeln, nicht die Zukunft.

Bleiben wir beim Beispiel Abnehmen. Falsch wäre es, zu schreiben: „Ich möchte in einem halben Jahr 20 Kilogramm abnehmen." Das ist zwar Ihr Wunsch, aber wenn Sie die Technik der Visualisierung und deren unglaubliche Kraft für sich nutzen möchten, müssen Sie bereits in dieser Situation leben. Stattdessen sollten Sie also lieber schreiben: „Ich habe 20 Kilogramm abgenommen."

Bei der Formulierung geht es nicht um konkrete Zeitangaben oder irgendwelche Rahmenbedingungen, die auf dem Weg zum Ziel liegen. Es geht um den Zeitpunkt der Zielerreichung. Denn Sie wissen ja: Unser Gehirn kann nicht zwischen Wirklichkeit und Traum unterscheiden. Leben Sie also jetzt schon Ihre gewünschte Realität, und sie wird am Ende auch eintreten.

Wichtig bei der Platzierung Ihres Vision Boards ist es, dass Sie es jederzeit gut sehen können. So nehmen Sie es immer wahr, ob bewusst oder unbewusst.

Zusätzlich sollten Sie auch aktiv mit dem Vision Board arbeiten und es in Ihre täglichen Visualisierungen mit einbeziehen. Das Vision Board ist eine tolle Methode, um sich kontinuierlich zu motivieren und sein Ziel klar vor Augen zu haben.

Zusammenfassung

Sie wissen nun um die Bedeutung der Größe Ihrer Ziele. Nur wer sich auch Großes vornimmt, kann Großes erreichen. Denken Sie also groß. Kein Ziel ist zu groß, wenn es Ihr Lebenstraum ist. Denn schließlich können Sie alles erreichen, wenn Sie es nur richtig angehen und hart dafür arbeiten.
Die SMART-Formel und die Aufteilung Ihres Ziels in mehrere kleine Zwischenziele soll eine gewisse Struktur in die Umsetzung Ihrer Zielerreichung bringen. Sie haben einen genauen Plan, an dem Sie sich orientieren können, und kommen auf diese Weise nicht so leicht vom Weg ab.

Die unbekannten Faktoren, die Sie in die Spitzenklasse katapultieren

Ich verrate Ihnen in diesem Kapitel, wie wichtig es für Ihre Zielerreichung ist, dass Sie sich Vorbilder suchen und von ihren Erfahrungen profitieren, und wie 10 Minuten am Tag Ihr Leben in die richtige Richtung lenken können. Außerdem zeige ich Ihnen, wie wichtig Ihr soziales Umfeld ist und wie manche Menschen Sie negativ manipulieren. Sie werden lernen, welche Auswirkungen Leidenschaft und Begeisterung auf Ihre Zielerreichung haben und warum der Weg zum Ziel so wichtig ist, damit Sie mit kleinen Schritten Großes erreichen.

Wie Ihr Umfeld Sie manipuliert ... und was Sie dagegen tun können

Sie wissen nun, wie wichtig es ist, dass Sie Ihr Leben selbst in die Hand nehmen und Ihr Glück nicht von der Außenwelt abhängig machen. Dazu gehört auch, dass Sie sich nicht von anderen Menschen negativ beeinflussen lassen sollten. Viele von uns sind in einem Umfeld gefangen, das eher negativ statt positiv geprägt ist.

Das äußert sich zum Beispiel darin, dass Ihnen andere Menschen ein eher ungutes Gefühl geben möchten – ob bewusst oder unbewusst – und Sie mit den vielen Problemen konfrontieren, die aufkommen könnten. Doch das tut Ihnen und Ihren Zielen und Wünschen nicht gut. Durch die negativen Emotionen, die Ihnen diese Menschen mitgeben, werden Sie automatisch in Ihren Handlungen beeinflusst.

Das muss nicht einmal bewusst passieren. Oft merken Sie gar nicht, dass Sie davon negativ beeinflusst werden. Doch eine Stimme in Ihnen spricht immer ganz leise zu Ihnen, dass Sie es vielleicht doch nicht schaffen – schließlich glaubt keiner an Sie. Warum sollte es dann klappen?

Sie müssen lernen, sich davon freizumachen. Frei von den negativen Emotionen und frei von diesen Menschen. Es gibt immer Menschen, die sich nur auf das Negative konzentrieren und sich permanent mit Problemen beschäftigen. Egal ob diese bereits existieren oder nicht. Sie denken nicht in Lösungen.

Vielleicht haben Sie sogar Menschen um sich herum, die Ihnen Ihren Erfolg madig machen wollen. So hart es auch klingt, aber Sie müssen sich von diesen Menschen freimachen und zu ihnen Abstand halten. Solche Menschen werden Ihnen niemals dabei helfen, Ihre Ziele zu erreichen, sondern Sie eher daran hindern.

Oftmals sind solche Menschen selbst mit ihrem Leben unzufrieden. Sie gehören zu den Menschen, die ihren eigenen Erfolg in die Hände anderer legen und selbst keine Verantwortung für ihr Leben und ihr Handeln übernehmen. Wenn etwas in ihrem Leben nicht richtig läuft, dann sind immer die anderen schuld: der Partner, der Chef, der Job …

Sie haben tausend Ausreden, warum sie nicht das Leben führen können, das sie sich wünschen. Sie haben gar keine Vorstellung davon, dass sie ihr Leben selbst gestalten können. Oder sie haben schlichtweg Angst, ihr bequemes Leben zu ändern und aus ihrer Komfortzone herauszutreten.

Sie igeln sich stattdessen darin ein und wagen nicht den Sprung ins Ungewisse. Doch das macht sie innerlich unzufrieden. Und diese innerliche Unzufriedenheit projizieren sie auf die Menschen um sich herum. Wenn sie kein glückliches Leben führen, warum sollten es dann andere tun?

Das Leben ist schließlich kein Ponyhof und auch kein Wunschkonzert. Jeder sollte der Härte des Lebens ins Gesicht blicken und endlich die Realität erkennen. Doch das ist nicht die Realität – das ist nur die Realität der Menschen, die keine Verantwortung für ihr Leben übernehmen. Die nur ihrem alltäglichen Trott nachgehen, nicht nach links und rechts schauen und erwarten, dass ihnen jemand ihr perfektes Leben auf dem Silbertablett serviert. Doch das wird leider nicht passieren. Und das wissen diese Menschen auch. Also manipulieren sie das Leben der anderen, um sich selber ein Stück weit besser zu fühlen.

Von solchen toxischen Beziehungen sollten Sie schnellstmöglich Abstand gewinnen. Natürlich kann es ein Ansporn sein, es diesen Menschen zu zeigen. Doch es kann auch dazu führen, dass Sie selbst den Glauben an sich verlieren.

Bevor Sie diese Menschen aus Ihrem Leben ausschließen, können Sie das Gespräch mit ihnen suchen. Machen Sie ihnen keine Vorwürfe. Sagen Sie ihnen stattdessen, wie Sie sich fühlen und was Sie sich wünschen.

Erzählen Sie ihnen von Ihrer Sichtweise auf das Leben und dass Sie Ihr Gegenüber nicht als Weggefährten verlieren möchten, dass es aber dazu kommen wird, wenn sich nichts ändert. Solche Gespräche sind immer schwierig und extrem unangenehm. Aber nur so geben Sie Ihrem Gegenüber die Chance, die eigene Sichtweise zu überdenken und sich zu ändern.

Legen Sie also die Karten auf den Tisch, und warten Sie ab, was passiert. Vielleicht ist Ihr Gegenüber interessiert an Ihrer Lebensweise und will diese für das eigene Leben übernehmen. Oder es ändert sich nichts, und Sie müssen diese Menschen aus Ihrem Leben gehen lassen oder zumindest den Kontakt auf das Nötigste herunterfahren.

Ihr Umfeld sollte Sie mit positiver Energie füllen, Sie inspirieren und motivieren. Im besten Fall führen Sie zusammen eine symbiotische Beziehung. So können Sie gemeinsam an Ihren Zielen arbeiten und sich gegenseitig unterstützen. Eine negative Beziehung hingegen raubt Ihnen nur unnötig Energie.

Sie haben also einen Parasiten. Vielleicht kennen Sie auch das Gefühl, wenn Sie sich mit einem Menschen unterhalten haben, dass Sie sich danach komplett leer und ausgesaugt fühlen. Sie haben keine Energie mehr und müssen sich regelrecht von dem Gespräch erholen. Das sind eindeutig Menschen, die Ihnen nicht guttun und Sie nicht in Ihrer Lebensweise unterstützen. Lassen Sie sie gehen, und lassen Sie neue Menschen in Ihr Leben, die so denken wie Sie. Wenn Sie positiv durchs Leben gehen, wirkt das Gesetz der Anziehungskraft.

Das Gesetz der Anziehungskraft bewirkt auch, dass Sie viele neue Menschen kennenlernen, die genauso positiv sind wie Sie. Durch eine positive Sicht auf das Leben wird sich Ihnen eine Art neue Welt erschließen – eine Parallelwelt, die Ihnen vielleicht zuvor noch nicht bekannt war. Sie werden Menschen kennenlernen, die Sie zuvor gar nicht wahrgenommen haben, weil Sie vielleicht noch eine andere Sicht auf das Leben hatten.

Diese Menschen werden Sie nun regelrecht anziehen. Und Sie werden bemerken, wie motivierend, inspirierend und unterstützend eine zwischenmenschliche Beziehung sein kann. Je mehr Menschen dieser Art Sie in Ihr Leben lassen werden, desto weniger Interesse werden Sie gleichzeitig an negativen Menschen haben, die Ihr Leben nur unnötig erschweren.

Sie werden automatisch Abstand von ihnen nehmen. Es wird Ihnen in gewisser Weise unangenehm sein, sich mit ihnen zu umgeben, und Sie werden sich mehr und mehr auf Ihre wahren Weggefährten konzentrieren. Wir alle wünschen uns Glück und Wertschätzung in unserem Leben, und jeder von uns verdient das auch.

Also warum sich mit Menschen umgeben, die einem das nicht gönnen? Umgeben wir uns doch lieber mit Menschen, die uns Wertschätzung entgegenbringen und unser volles Potenzial fördern und ans Tageslicht bringen.

Man sagt, dass wir den Durchschnitt derjenigen fünf Menschen bilden, mit denen wir uns hauptsächlich umgeben.

Wir sollten also sicherstellen, dass es auch die richtigen Menschen sind. Wenn wir uns mit den richtigen Menschen umgeben, blühen wir förmlich auf. Wir verwandeln und entfalten uns endlich. Einfach weil da jemand ist, der an uns glaubt. Und ist das nicht etwas unglaublich Schönes, das wir uns alle wünschen?

Das sagt Ihnen keiner: Warum Sie Vorbilder brauchen!

Es ist nicht nur wichtig, dass Sie sich mit den richtigen Menschen umgeben, sondern auch, dass Sie sich Vorbilder suchen. Vorbilder geben Ihnen Orientierung und können Ihnen Ihre Zielerreichung ungemein erleichtern. Warum? Weil Sie sehr wahrscheinlich nicht der/die Erste mit diesem Ziel sind.

Es gibt unzählige Menschen, die bereits das erreicht haben, was Sie sich vorgenommen haben. Vielleicht nicht das ganz genau identische Ziel, aber ein Ziel, das Ihrem sehr ähnlich ist.

Wenn Sie sich nun Vorbilder suchen, müssen Sie nicht neue Wege finden, um Ihre Ziele zu verwirklichen. Sie können sich stattdessen anschauen, wie Ihr Vorbild sein Ziel erreicht hat, und dies dann nachahmen. Das spart sehr, sehr viel Energie und Kraft.

Sie wissen, welche Hürden überwunden werden müssen, um das Ziel zu erreichen, und was Sie konkret tun müssen, damit auch Sie Ihre Herausforderungen meistern. Viele Menschen sind bereits zuvor Ihren Weg gegangen, und es wäre reine Verschwendung, wenn Sie nicht von diesem Wissen profitieren und zehren würden.

Sie müssen das Rad nicht neu erfinden, sondern können sich auf verlässliche Wegweiser stützen und sich an ihnen orientieren. Das wird Ihnen gleichzeitig auch Mut geben, dass Sie es ebenfalls schaffen können. Schließlich haben es andere vor Ihnen auch geschafft – warum also nicht auch Sie? Eben! Es gibt keinen Grund. Aber auch keine Ausrede, warum Sie es nicht schaffen können.

Zu Beginn unserer Reise zu unserem Ziel sind wir noch ungemein motiviert. Wir haben das Gefühl, dass wir die ganze Welt erobern können. Doch es wird nicht immer alles glatt verlaufen. Egal wie motiviert und positiv wir sind, es wird auch Situationen geben, die uns vor Herausforderungen stellen werden. Das ist vollkommen normal und sollte Ihnen nicht den Mut rauben, es trotzdem zu probieren. Doch mit jeder Herausforderung schwindet unsere Kraft. Nach der ersten gemeisterten Herausforderung gehen wir noch munter weiter. Dann kommt die nächste Herausforderung und die nächste und die nächste … Und nach und nach hinterfragen wir vielleicht unser Ziel und sind uns nicht mehr so sicher, ob es das auch wert ist.

Wir suchen immer und immer wieder nach Lösungen, was auf die Dauer überaus kräftezehrend sein kann. Besonders wenn wir nicht wissen, wie wir konkret weiterkommen sollen. Wir sehen dann quasi den Wald vor lauter Bäumen nicht mehr. Deswegen sind Vorbilder so wichtig.

Sie lassen uns den Wald wieder sehen und zeigen uns auch, wie wir Probleme und deren Lösungen konkret angehen können. Oft liegen Lösungen so nahe, doch wir können sie einfach nicht erkennen. Wenn wir Vorbilder haben, können wir betrachten, was sie in dieser Situation getan haben – und dann ahmen wir es ganz einfach nach.

Nehmen wir einmal an, Sie möchten den Himalaya erklimmen. Ganz gewiss würden Sie nicht auf eigene Faust einfach losziehen und Ihr Glück versuchen. Stattdessen würden Sie sich einem Führer anschließen, der Ihnen dabei hilft, den Berg zu besteigen. Sie stützen sich auf seine jahrelange Erfahrung und fühlen sich sicher.

Auch hier würden Sie den Bergführer imitieren und seinen Schritten ganz genau folgen. Genau so sollten Sie auch Ihre anderen Ziele angehen. Suchen Sie sich einen Führer, ein Vorbild. Jemanden, der Ihnen hilft, Ihr Ziel zu erreichen und auch schwierige Situationen zu meistern.

Lesen Sie Bücher über Menschen, die ähnliche Ziele erreicht haben wie die, die Sie verwirklichen möchten, und lernen Sie von ihren Erkenntnissen. Entgegen der Meinung vieler sind erfolgreiche Menschen meist dazu bereit, ihre Erfolgsgeheimnisse zu teilen. Sie hüten ihre Erfahrungen nicht wie einen Schatz. In den meisten Fällen möchten sie andere Menschen daran teilhaben lassen und ihnen helfen, ihre Lebensvisionen zu verwirklichen. Denn sie haben eine positive Einstellung, die sie dahin gebracht hat, wo sie jetzt stehen. Sie möchten auch andere Menschen dazu inspirieren, an sich zu glauben und für ihre Ziele zu kämpfen. Es wird für Sie also nicht schwer werden, Vorbilder zu finden. Wahrscheinlich kennen Sie bereits einige Menschen, die Sie inspirieren und die Sie als Ihre Vorbilder ansehen.

Besonders in unserer heutigen Zeit, wo Social Media ein großer Begriff ist, werden wir ständig mit erfolgreichen Menschen konfrontiert. Kaum eine erfolgreiche Persönlichkeit, egal aus welchem Bereich, kann sich heutzutage der Macht der Social-Media-Welt entziehen. Und noch nie war es einfacher für uns, mit diesen Menschen in Kontakt zu treten.

Scheuen Sie sich also nicht davor, Ihr Vorbild zu kontaktieren. Fragen Sie Ihr Vorbild nach seinen Erfahrungen. Schreiben Sie ihm eine persönliche Nachricht, und geben Sie Ihre Ziele preis, damit Ihr Gegenüber wirklich das Gefühl hat, dass es Ihnen helfen kann. Plumpe und unpersönliche Fragen hingegen werden wahrscheinlich nicht das gewünschte Ergebnis liefern.

Bringen Sie also etwas von sich selbst ein, um eine emotionale Verbindung herzustellen. Wenn Sie möchten, können Sie Ihr Vorbild auch nach einem persönlichen Meeting fragen. Hier können Sie sich privat und in Ruhe unterhalten und ganz ungezwungen Ihre Fragen stellen.

Davon abgesehen stellen Sie eine persönliche Beziehung her, die Sie wiederum mit positiver Energie und Motivation füllen wird. Vielleicht finden Sie auf diesen Weg auch einen Mentor, der Ihnen zur Seite steht und Sie auf Ihrem Weg begleitet. Auch Mentoren sind eine wunderbare Art von Vorbild, nur dass sie noch enger mit Ihnen zusammenarbeiten.

Durch Mentoren können Sie wachsen. Sie bekommen nicht nur einiges an Wissen zur Seite gestellt, sondern auch einen Menschen, der Sie stets unterstützt. Auch wenn es manchmal unangenehm wird und Sie wahrscheinlich sehr oft aus Ihrer Komfortzone treten müssen – daran werden Sie weiter wachsen, und vieles wird Ihnen auf lange Sicht sehr viel leichter fallen.

Und wer weiß: Vielleicht werden auch Sie einmal zum Vorbild für jemand anderen!

Lebe begeistert und gewinne!

Sie wissen bereits, dass Sie stets positiv sein müssen, um Ihre Ziele zu erreichen. Negativität hat keinen Platz. Doch Sie müssen nicht nur positiv sein, sondern Ihre Ziele mit wahrer Leidenschaft und Begeisterung verfolgen. Sie müssen für Ihr Ziel brennen und auf Ihrem Weg dahin regelrecht aufblühen.

Wenn Sie für Ihr Ziel brennen und echte Leidenschaft hineinlegen, wird Ihnen das eine sehr große Hilfe sein. Denn Sie werden nicht nur sich selbst motivieren, sondern auch andere Menschen mit Ihrer Leidenschaft anstecken. Dadurch werden sie das Bedürfnis verspüren, Ihnen helfen zu wollen, dass Sie Ihre Ziele erreichen.

Die Unterstützung von anderen Menschen ist sehr wichtig, da Sie in der Regel Ihre Ziele nicht ohne fremde Hilfe erreichen können. Begeisterung und Leidenschaft sind also fundamentale Hilfsmittel, wenn Sie andere Menschen für sich und Ihr Vorhaben gewinnen möchten. Sie werden mit Ihrer Begeisterung und positiven Energie treue Wegbegleiter finden, die Sie unterstützen.

Vielleicht haben Sie eine ähnliche Erfahrung schon einmal in Ihrem privaten Umfeld gemacht. Jemand hat Ihnen von seiner Idee mit einer solchen Begeisterung erzählt, dass Sie selber ganz begeistert von dieser Idee wurden. Und Sie haben das Bedürfnis verspürt, diesem Menschen dabei zu helfen, und konnten etwas Positives zu seinem Erfolg beitragen.

Wir Menschen neigen viel eher dazu, anderen Menschen zu helfen, wenn wir erkennen, wie wichtig das Vorhaben für den anderen ist. Positive Energie ist ansteckend und weckt in uns ebenfalls Begeisterung und Leidenschaft. Das ist viel mehr wert als ein perfekt durchdachter Plan, den Sie allerdings emotionslos vorstellen.

Dadurch kann keine emotionale Verbindung entstehen, die unerlässlich ist, wenn es um die Unterstützung von anderen Menschen geht. Begeisterung und Leidenschaft öffnen also viele Türen, die Sie zuvor gar nicht gesehen haben.

Diese Leidenschaft wird auch Ihnen dabei helfen, stets motiviert zu bleiben und geduldig den langen Weg der Zielerreichung zu beschreiten. Denn Sie haben einen Grund, warum Sie dieses Ziel erreichen wollen. Sonst würden Sie keine so große Leidenschaft hineinlegen. Die Leidenschaft ist ebenfalls Ihr

Motor und Ihre Antriebskraft. Gleichzeitig ist sie Ihr Benzin und Ihre Ausdauer auf dem manchmal anstrengenden Weg zu Ihrem Ziel.

Nicht immer wird alles rundlaufen. Unvorhergesehenes wird geschehen. Das passiert jedem. Wichtig ist nur, dass Sie nicht den Glauben an sich und Ihr Vorhaben verlieren. Mit der nötigen Leidenschaft und Begeisterung können Sie sich diesen Glauben sichern. Sollte etwas nicht nach Ihren Vorstellungen laufen und schiefgehen, dann ist das überhaupt nicht schlimm.

Anstatt sich für die Fehler zu verurteilen, sollten Sie das als Anlass nehmen, um daraus zu lernen. Nur aus Fehlern können wir lernen. Und durch diesen Lerneffekt können wir wachsen und weiter an uns arbeiten. Durch die Fehler können wir unsere Arbeit am Ziel optimieren, sodass wir es schlussendlich auch wirklich erreichen.

Gleichzeitig lernen wir, was wir beim nächsten Mal besser machen und welche Fehler wir in Zukunft vermeiden sollten. Durch den höheren Sinn und die Leidenschaft, die wir für unser Ziel haben, können wir besser mit den Niederlagen umgehen und verlieren nicht den Mut, weiterhin für unsere Ziele zu arbeiten.

Darüber hinaus kann uns unsere Leidenschaft Ängste nehmen, die viele von uns haben. Viele Menschen haben Angst vor dem Ungewissen oder davor, dass sie die aufkommenden Aufgaben und Probleme nicht bewältigen können. Sie machen sich schon im Vorfeld große Gedanken und trauen sich nicht wirklich, etwas zu wagen.

Mit Ihrer Begeisterung und Leidenschaft können Sie sich davon ein Stück weit frei machen. Sie verhelfen Ihnen zu einer gewissen Leichtigkeit und dem nötigen Fokus. Sie konzentrieren sich auf das Hier und Jetzt und verfolgen in Ihrer Gegenwart Ihre Ziele. Was in der Zukunft passieren könnte, können Sie dadurch viel leichter ausblenden.

Die Leidenschaft für Ihre Ziele ist also unabdingbar, wenn es um das Erreichen Ihrer Ziele geht. Sollte Ihnen diese Begeisterung fehlen, sollten Sie sich einmal fragen, ob das Ziel für Sie wirklich von so großer Bedeutung ist und ob es einen Sinn in Ihrem Leben erfüllt.

Denn wenn die Begeisterung fehlt, ist das meistens ein Zeichen, dass es nicht Ihr innigster Wunsch ist. Vielleicht ist es vielmehr ein Traum, von dem

Sie nur denken, dass Sie ihn haben, weil Sie von Ihrem Umfeld und der Gesellschaft manipuliert wurden. Oft denken wir nur, dass wir etwas wollen, nur um dann zu merken, dass es uns gar nicht so viel bedeutet, wenn wir es einmal besitzen.

Es kam also nicht aus unserem Inneren, sondern wir wollten nur gewisse Erwartungen erfüllen. Erwartungen sollten jedoch nur erfüllt werden, wenn diese aus uns selbst heraus kommen – und nicht, wenn sie uns von anderen auferlegt werden. Erfüllen unsere Ziele jedoch unsere eigenen Erwartungen an unser Leben, verspüren wir automatisch Begeisterung.

Mit dieser Begeisterung senden Sie jede Menge positiver Energie ins Universum aus, die wiederum zu Ihnen zurückkommen wird. Das kennen Sie bereits vom Gesetz der Anziehungskraft. Ihre Begeisterung für Ihr Ziel ist dabei die höchste Form der positiven Energie. Dadurch werden Sie sehr vieles quasi magisch anziehen: günstige „Zufälle" und inspirierende Begegnungen, die alle auf Ihre Zielerreichung hinwirken.

Nur 10 Minuten am Tag, die Ihr Leben verändern werden

Um Ihre Zielerreichung und damit Ihren persönlichen Erfolg noch weiter zu unterstützen, müssen Sie nur 10 Minuten pro Tag investieren. Und diese 10 Minuten hat jeder Mensch am Tag über, um sie in etwas Sinnvolles zu investieren. Ganz besonders, wenn es um Ihre persönliche Weiterentwicklung geht. Diese 10 Minuten sollten Sie in zweimal 5 Minuten aufteilen, und zwar jeweils für die Morgen- und Abendstunden.

Was machen Sie also in diesen 10 Minuten? Sie führen Tagebuch. Was Sie als Teenager vielleicht schon einmal gemacht haben, sollten Sie wieder in Ihren Tagesablauf integrieren. Sie können dabei entweder ein Erfolgsjournal oder ein Dankbarkeitstagebuch führen.

Bei dem Erfolgsjournal geht es darum, dass Sie Ihre Ziele Tag für Tag definieren und sich aktiv mit ihnen auseinandersetzen. Es gibt viele gute Erfolgsjournale, die Ihnen bereits eine Vorlage bieten, die Sie nur noch ausfüllen müssen. Hier können Sie Tages- und Wochenziele festlegen und beschreiben, was Sie aktiv dafür tun können.

In einem Dankbarkeitstagebuch geht es nicht nur um die aktive Zielerreichung, sondern vielmehr um Ihre persönliche Entwicklung. Auch hier gibt es wieder viele Tagebücher, die eine Vorlage bieten. Dort beschreiben Sie alles, wofür Sie in Ihrem Leben dankbar sind. Das können ganz banale Dinge sein oder auch tiefgründige.

Das können Sie jeden Tag aufs Neue für sich selbst entscheiden. Gleichzeitig bestärken Sie in diesem Tagebuch sich selbst und stellen Ihre persönlichen Stärken in den Vordergrund, indem Sie sie konkret benennen. Dadurch gewinnen Sie mehr Selbstvertrauen in sich und Ihre Fähigkeiten.

Auch werden Sie gefragt, was diesen Tag zu einem perfekten Tag machen würde. Das heißt, Sie können selbst bestimmen, wie Ihr Tag konkret aussehen muss, damit Sie abends glücklich mit sich und Ihrem Leben sind.

Dieser Teil ist für die Morgenstunden gedacht, wo Sie über Ihren bevorstehenden Tag nachdenken und neue Kraft und Energie tanken. In den Abendstunden, wenn der Tag geschafft ist, holen Sie Ihr Tagebuch wieder hervor und reflektieren die Geschehnisse. Diese Reflexion ist so wichtig, da Sie dadurch lernen und sich weiterentwickeln können. Sie überlegen, was an diesem Tag gut und was schlecht war. Und natürlich, was Sie das nächste Mal besser machen können, damit Sie das Schlechte in Zukunft verhindern oder optimieren können. Daran wachsen Sie, und das ist ungemein wertvoll. Nicht viele Menschen besitzen eine gute Selbstreflexion und übernehmen die Verantwortung für ihre Fehler. Durch diese Tagebücher lernen Sie die Selbstreflexion sehr gut und können sich Fehler leichter eingestehen.

Das ist eine Art von Feedback, das Sie sich selbst geben und das Sie erst einmal mit niemandem teilen müssen. Das gibt Ihnen eine gewisse Sicherheit und Schutz, da Sie sich nicht vor anderen verantworten müssen, sondern nur vor sich selbst. Das fällt vielen sehr viel leichter, als Fehler direkt vor anderen Menschen zugeben zu müssen.

In erster Linie sind die Tagebücher also für Sie persönlich und für Ihre persönliche Weiterentwicklung da. Sie sollen Sie unterstützen und Sie mit positiven Gedanken füllen. Ich empfehle Ihnen in erster Linie ein Dankbarkeitstagebuch und würde es einem Erfolgsjournal vorziehen.

Denn hier geht es nur um sie. Ihre Ziele, Pflichten und Verantwortung sind erst einmal zweitrangig. Vielmehr können Sie sich dadurch besser kennen- und lieben lernen. Auch Selbstliebe ist ein wichtiger Faktor, wenn Sie glücklich und positiv eingestellt sein wollen. Ein Dankbarkeitstagebuch fördert diese Selbstliebe und Ihre positive Sicht auf die Welt.

Und wie wir bereits wissen, ist eine positive Grundeinstellung unerlässlich, wenn wir unsere Ziele erreichen und uns weiterentwickeln möchten. Die 10 Minuten, die Sie in das Dankbarkeitstagebuch investieren, werden einen großen Effekt auf Ihr Leben und Ihre Grundeinstellung zum Leben haben.

Neben dem Tagebuch können Sie entweder morgens oder abends noch eine To-do-Liste mit den Dingen erstellen, die Sie an diesem oder am kommenden Tag unbedingt erledigen möchten. Halten Sie die To-do-Liste so kurz wie möglich und so lang wie nötig. Notieren Sie sich nur die wichtigsten Dinge, die unbedingt erledigt werden müssen.

Dadurch halten Sie sich nicht mit Unwichtigem auf, sondern konzentrieren sich wirklich nur auf das Wichtigste. Zudem sollten Sie die Liste gleich zu Beginn richtig sortieren. Ganz oben sollte die wichtigste und zudem auch unangenehmste Aufgabe stehen. Überlegen Sie also, welche Aufgaben Ihnen keine richtige Freude bereiten und Sie lieber vor sich herschieben würden. Diese Aufgaben sollten Sie gleich als Erstes am Tag erledigen.

Damit haben Sie nämlich schon einen wichtigen Meilenstein des Tages bewältigt und können befreiter und mit mehr Energie den weiteren Ablauf bestreiten. Dadurch schaffen Sie negative Gedanken aus Ihrem Kopf, und Sie denken nicht permanent an die unangenehme Aufgabe, die Sie davon abhält, sich vollkommen auf die anderen Aufgaben zu fokussieren.

Gleichzeitig ist es ein mächtiger Energiebooster, und Sie werden stolz auf sich sein, dass Sie diese Aufgabe erledigt haben. Sortieren Sie also Ihre Aufgaben nach ihrer Wichtigkeit, und haken Sie diese dann nach und nach ab. Nachdem die Liste einmal erstellt ist, denken Sie nicht mehr groß darüber nach, sondern erledigen Sie sie einfach.

Seien Sie einfach ein Macher, und widerstehen Sie der Versuchung, Aufgaben auf den nächsten Tag zu verschieben. Das ist entweder ein Zeichen dafür, dass Sie sich zu viel vorgenommen haben, oder dafür, dass Ihnen die Aufgabe unangenehm ist. Wenn Sie sich zu viel vorgenommen haben und nicht alles schaffen, was auf Ihrer Liste steht, dann sollten Sie das beim nächsten Mal bedenken und diese realistischer gestalten.

Planen Sie genug Zeitpuffer ein, denn es kommt oft etwas Unvorhergesehenes, das Sie nicht einplanen können. Das raubt Ihnen natürlich Zeit. Nehmen Sie sich also auch dafür aktiv Zeit, und planen Sie das direkt mit ein. Das erspart Ihnen viel Stress und Zeitdruck.

Wenn Sie die Aufgabe stattdessen in den nächsten Tag ziehen, obwohl Sie die Zeit hatten, diese zu erledigen, bedeutet das häufig, dass Ihnen die Aufgabe unangenehm ist. Und Sie wissen, was das heißt: Diese Aufgabe kommt für den nächsten Tag ganz nach oben und wird als Erstes erledigt!

Es gibt Fälle, in denen Sie überlegen sollten, ob Sie diese Aufgabe nicht ganz streichen, wenn sie Ihnen immer und immer wieder ein ungutes Gefühl gibt. Das gilt aber wirklich nur in Ausnahmefällen und sollte nicht zur Regel werden. Wägen Sie diese Entscheidung also gut ab, und überlegen Sie, welche Auswirkungen es hätte, wenn Sie die Aufgabe streichen. Wenn die Auswirkungen nicht gravierend sind und keinen großen Effekt auf Ihr Leben haben, sondern es eher leichter machen, dann streichen Sie sie. Manche unangenehmen Aufgaben müssen allerdings erledigt werden, und wir kommen einfach nicht darum herum. Dann heißt es: Zähne zusammenbeißen und mit Vollgas durch die Wand!

Zusammenfassung

Sie haben nun gelernt, wie Ihr Umfeld Sie bewusst oder unbewusst manipuliert und dass es deswegen umso wichtiger ist, dass Sie sich mit positiven Menschen umgeben, die Sie unterstützen, Ihnen stets zur Seite stehen und Sie dabei mit positiver Energie füllen. Genauso sollten Sie einen Sinn in Ihrer Zielverwirklichung sehen, um diese mit Leidenschaft und Begeisterung anzugehen und dadurch weitere Menschen für sich zu gewinnen, die Sie bei Ihrer Zielerreichung unterstützen können.

Sie brauchen jedoch nicht nur Weggefährten, sondern auch Vorbilder, an denen Sie sich orientieren können. Sie zeigen Ihnen den Weg, den sie bereits zuvor gegangen sind, was Ihnen Ihren Weg ungemein erleichtern wird, da Sie keine neuen Pfade beschreiten müssen, sondern sich an den Fußstapfen Ihrer Vorgänger orientieren können. Zudem haben Sie den Wert der Dankbarkeit kennengelernt und erfahren, wie wichtig es ist, dass Sie sich selbst wertschätzen. Nur wenn Sie sich und Ihre Arbeit wertschätzen, können auch andere Sie wertschätzen. Der Glaube an sich selbst sollte immer an oberster Stelle stehen.

Bonus

In diesem Bonuskapitel kreieren wir gemeinsam Ihre perfekte Morgenroutine, durch die Sie noch motivierter und fokussierter an Ihren Zielen arbeiten werden.
Weiterhin zeige ich Ihnen, wie wichtig es ist, dass Sie sich bewusste Auszeiten schaffen, um noch mehr Kraft für das Erreichen Ihrer Ziele schöpfen zu können.

Wie Sie Ihre goldene Morgenroutine erschaffen für den perfekten Start in den Tag

Um Ihren Erfolg und das Erreichen Ihrer Ziele noch mehr zu unterstützen, ist die richtige Morgenroutine eine weitere hilfreiche Methode, damit Sie alles erreichen können, was Sie sich wünschen. Die meisten erfolgreichen Menschen wissen um die Bedeutung der richtigen Morgenroutine und deren positiven Effekt auf ihr Leben. Mit der richtigen Morgenroutine machen Sie einen wichtigen Schritt in die richtige Richtung und legen den Grundstein für den kommenden Tag.

Denn wenn Sie morgens zu lange schlafen und nur schwer in die Gänge kommen, wird sich diese Unproduktivität sehr wahrscheinlich über den restlichen Tag weiterziehen. Das bedeutet, dass der Morgen die wichtigste Zeit ist, die Basis zu legen, um mit Motivation, positiver Energie und Produktivität den Tag zu bestreiten.

Es gibt einige wichtige Rituale, die zu einer guten Morgenroutine gehören, die ich Ihnen gerne einmal näher erläutern möchte. Im ersten Moment erscheinen diese Rituale vielleicht etwas zu viel – besonders für Menschen, die keine richtigen Morgenmenschen sind und sich lieber noch dreimal im Bett herumdrehen, bevor sie tatsächlich aufstehen. Doch mit den richtigen Tricks und Ritualen können auch Sie zu einem Morgenmenschen werden.

Die Morgenroutine beginnt natürlich mit dem Aufstehen. Während viele von uns wahrscheinlich zwischen 6 und 8 Uhr, manche vielleicht sogar noch später aufstehen, stehen erfolgreiche Menschen erheblich früher auf. Bei den meisten von ihnen klingelt der Wecker bereits zwischen halb 5 und 5 Uhr.

Hier bekommen wahrscheinlich viele Schnappatmung. Schließlich ist das gefühlt noch mitten in der Nacht! Doch gerade diese Morgenstunden sind besonders wertvoll. Während der Rest der Welt noch schläft, sind Sie bereits wach und beginnen den Tag. Das verschafft Ihnen einen enormen Vorteil gegenüber anderen.

Schließlich sind Sie zu dieser Zeit schon produktiv und haben bereits einige Aufgaben erledigt, während andere erst aufstehen. Natürlich können Sie sagen, dass Sie ja dafür früher ins Bett gehen und effektiv nicht mehr Zeit zur Verfügung haben als andere Menschen, die erst später aufstehen, dafür aber länger wach sind. Im Grunde ist das auch richtig.

Aber Hand aufs Herz: Wer von Ihnen ist in den Abendstunden noch wirklich produktiv und tut etwas für seine Zielerreichung? Das sind wohl die wenigsten. Stattdessen widmen wir uns abends eher unseren Freizeitbeschäftigungen und treffen uns mit Freunden oder sitzen einfach nur vor dem Fernseher. Wenn Sie stattdessen früher aufstehen, gewinnen Sie Zeit.

Denn wir sind morgens viel produktiver als abends und können mehr Aufgaben bewältigen, da uns der Alltag und seine Herausforderungen, die uns Energie rauben, noch nicht eingefangen haben. Wenn wir dann abends unsere freie Zeit genießen, brauchen wir auch kein schlechtes Gewissen zu haben.

Schließlich haben wir die wichtigsten Aufgaben des Tages schon morgens erledigt und können ganz bewusst unsere freie Zeit genießen. Natürlich stellt es uns zu Beginn vor eine große Herausforderung, so früh aufzustehen, und wir müssen uns erst einmal daran gewöhnen.

Aber auch das gehört dazu, dass wir aus unserer Komfortzone treten und wachsen können. Man sagt, dass wir mit jeder Stunde, die wir früher aufstehen, einen Tag zur Umgewöhnung brauchen. Geben Sie sich also die nötige Zeit, bis sich Ihr Körper darauf eingestellt hat. Manche brauchen dafür etwas länger, bei anderen wiederum geht es schneller. Setzen Sie sich nicht unter Druck, und versuchen Sie herauszufinden, welcher Schlafrhythmus für Sie am besten funktioniert. Finden Sie heraus, wann Sie abends schlafen gehen müssen, um morgens fit aus dem Bett zu steigen, und befolgen Sie diesen Rhythmus.

Natürlich können Sie auch Ausnahmen machen, wenn zum Beispiel eine Geburtstagsfeier ansteht oder Sie einfach mal ins Kino gehen möchten. Es geht hier nicht um ein striktes Dogma. Sie sollen trotzdem Spaß haben und nicht permanent daran denken, dass Sie morgen um 5 Uhr wieder aufstehen müssen.

Versuchen Sie einfach, Ihren Rhythmus so oft wie möglich beizubehalten und für sich einen guten Weg zu finden. Sie werden sehr schnell merken, welche Vorteile es hat, so früh aufzustehen, und werden sich schon bald darauf freuen, morgens aufzustehen und produktiv zu sein. Das gibt Ihnen einen Extra-Energieschub.

Nachdem Sie aufgestanden sind, sollten Sie erst einmal ein großes Glas Wasser – im besten Fall warmes Wasser – trinken. Sie haben die letzten Stunden nichts getrunken, und Ihr Körper muss wieder ausreichend hydriert werden, um richtig zu funktionieren. Gleichzeitig regt das Ihren Stoffwechsel an, und Sie werden automatisch wach.

Erst nachdem Sie Wasser getrunken haben, sollten Sie auf andere Getränke wie Kaffee oder Tee umsteigen. Gleich danach sollten Sie sich sportlich betätigen. Es muss keine lange Sporteinheit sein. Ein paar Minuten Bewegung reichen schon aus. Sie können zum Beispiel ein paar Liegestütze, Sit-ups oder Squats machen, um Ihren Kreislauf so richtig in Schwung zu bringen.

Sie können auch eine kleine Runde Yoga machen. Das ist nicht nur Ihrem Körper, sondern auch Ihrem Geist förderlich. Oder Sie gehen eine kleine Runde laufen. Dadurch machen Sie nicht nur Sport, sondern schnappen gleich auch noch ein bisschen frische Luft. Gerade die frische Luft am Morgen ist besonders wohltuend. Zudem schläft noch alles, und Sie sind komplett mit sich und Ihren Gedanken alleine. Vielleicht kommen Ihnen ja währenddessen sogar ein paar gute Ideen. Alternativ können Sie natürlich auch bereits am Morgen Ihr übliches Sportpensum absolvieren, sofern Sie eines haben. So oder so sollten Sie jeden Morgen ein paar Minuten in den Sport investieren. Sie werden sich dadurch automatisch besser und viel leistungsfähiger fühlen.

Nach dem Sport kommt in der Regel die morgendliche Dusche. Anders als sehr wahrscheinlich gewohnt, sollten Sie jedoch nicht warm duschen, sondern … kalt! Ja, Sie haben richtig gelesen: kalt. Wahrscheinlich denken Sie gerade, dass diese Morgenroutine immer ungemütlicher wird. Das erscheint vielleicht in diesem Moment so.

Doch das ändert sich, sobald Sie es selber einmal ausprobiert haben. Wenn Sie kalt duschen, kommt Ihr Kreislauf so richtig in Schwung. Kaffee? Der ist danach komplett überflüssig. Denn Sie werden nach dieser Dusche hellwach sein. Doch nicht nur Ihr Kreislauf wird dabei angeregt, sondern auch Ihr Gehirn. Während der kalten Dusche wird Ihr präfrontaler Cortex stimuliert und trainiert.

Dieser sitzt im Frontallappen unseres Gehirns und ist für unsere Persönlichkeit verantwortlich. Unsere Aufmerksamkeit, unser Nachdenken und Planen, unser Entscheidungsvermögen und unsere Kreativität sind hier verankert. Es lohnt sich also, diesen Bereich unseres Gehirns zu stärken und von dessen positiven Effekten auf unser Leben zu profitieren.

Probieren Sie es unbedingt einmal aus! Wenn Ihnen die reine kalte Dusche zu viel des Guten ist, können Sie zunächst auch einmal mit Wechselduschen beginnen. Starten Sie warm, und wechseln Sie dann zu kalt. Danach drehen Sie wieder das warme Wasser auf usw. Am Ende sollten Sie die Dusche aber unbedingt mit kaltem Wasser beenden.

Nach der Dusche sollten Sie sich ein paar Achtsamkeitsübungen unterziehen. Sie können zum Beispiel meditieren oder einfach nur ganz bewusst atmen, um so vollkommen im Hier und Jetzt zu verweilen. Gedanken sollten Sie einfach weiterziehen lassen und sich ganz auf die Gegenwart einlassen. Gerade für Anfänger sind diese Übungen erst einmal schwer: Sie können ihre Gedanken, die ständig kreisen, nicht hundertprozentig loslassen. Wenn es Ihnen ähnlich geht, lassen Sie sich nicht davon entmutigen. Das bedarf viel Zeit und Übung. Je öfter und länger Sie diese Achtsamkeitsübungen jedoch praktizieren, desto schneller werden Sie Erfolge sehen.

Ich empfehle Ihnen, jeden Morgen für ca. 10 bis 20 Minuten Achtsamkeit zu üben. Idealerweise bauen Sie in diese Zeit auch Ihre Visualisierungen ein. Sie können zum Beispiel zunächst einmal 10 bis 15 Minuten meditieren und anschließend 5 Minuten visualisieren. So sind Sie geerdet und nach Ihrer Visualisierung vollkommen motiviert und energetisiert. Sie können nach dieser Einheit viel klarer sehen, und Ballast, der zuvor auf Ihnen gelastet hat, wird Ihnen danach viel leichter vorkommen.

Im Anschluss an die Morgenroutine sollten Sie noch Ihr Tagebuch führen. Das kann, wie bereits beschrieben, Ihr Dankbarkeitstagebuch oder Ihr Erfolgsjournal oder eine Kombination aus beidem sein. Schreiben Sie alles, was Ihnen wichtig ist, nieder. In einem nächsten Schritt sollten Sie Ihre Tagesziele aufschreiben.

Wenn Sie das lieber abends machen, um den Kopf für die bevorstehende Nacht nicht unnötig zu belasten, dann holen Sie einfach Ihre bereits fertige Liste hervor und betrachten Sie sie. Eventuell können Sie sie noch einmal modifizieren und anpassen. Wichtig ist nur, dass Sie wissen, was Ihre wichtigsten Tagesziele sind, damit Sie diese erfolgreich meistern können.

Gehen Sie die Morgenroutine Schritt für Schritt an. Sie müssen nicht alles auf einmal umsetzen, wenn es Ihnen zu viel ist. In diesem Fall fügen Sie einfach immer weitere Schritte hinzu, sobald Sie sich immer wohler damit fühlen, und kommen Sie so Ihrer perfekten Morgenroutine immer näher.

Natürlich können Sie Ihre Morgenroutine auch so verändern, dass sie individuell zu Ihnen passt. Alles kann, nichts muss! Die Schritte, die ich Ihnen gezeigt habe, sind nur die Basics, die sich bei sehr vielen Menschen bewährt haben, und ich hoffe, dass sie auch Ihr Erfolgspotenzial auf ein neues Level heben werden.

Gewinnen Sie mehr Lebensenergie durch bewusste Auszeiten

Während Sie Ihren Zielen nachgehen und Ihre volle Kraft dort hineinlegen, sollten Sie jedoch gleichzeitig nicht vergessen, sich bewusst Auszeiten zu nehmen. Gerade zu Beginn sind wir noch voll motiviert und opfern unseren Zielen unsere ganze Energie. Doch das wird auf Dauer nicht funktionieren.

Sie werden früher oder später an einen Punkt kommen, an dem Ihnen alles zu viel ist und Sie sich vollkommen leer füllen. Sie brennen also quasi aus. Sie sollen zwar für Ihre Ziele brennen, aber sich selbst dabei nicht vergessen. Immer Vollgas funktioniert nicht. Irgendwann ist der Tank leer.

Sie müssen also auch lernen, die Bremse zu benutzen und sich selbst wieder aufzutanken. Wenn Sie sich bewusste Auszeiten nehmen, haben Sie danach wieder volle Energie, um weiter an Ihren Zielen zu arbeiten. Es geht auch nicht darum, dass Sie sich lange Auszeiten nehmen. Schon kleine Handgriffe werden Ihnen helfen, Ihre Akkus wieder aufzuladen.

Ein Ausgleich zu Ihrer Arbeit an Ihren Zielen ist zum Beispiel Sport. Wenn Sie sich bisher eher in die Fraktion Sportmuffel einsortiert haben, sollten Sie das schleunigst ändern. Sport ist nicht für Ihren Körper, sondern auch für Ihren Geist überaus wertvoll; Sport verhilft Ihnen zu körperlicher und geistiger Stärke, die Sie in Ihrem Alltag unbedingt brauchen.

Gleichzeitig macht Sie Sport auch glücklicher. Durch körperliche Betätigung wird Dopamin ausgeschüttet, das auch unter dem Namen „Glückshormon" bekannt ist. Diesen Effekt kennen Sie wahrscheinlich. Zu Beginn ist es eine Überwindung, Sport zu machen, und Sie quälen sich vielleicht regelrecht dazu – doch danach fühlen Sie sich unbesiegbar! Dafür ist das Dopamin verantwortlich. Es gibt eigentlich keine Situation, in der Sie sich nach dem Sport schlecht fühlen. Stattdessen fühlen Sie sich frei, unbeschwert und glücklich. Auch wenn es anstrengend war. Welchen Sport Sie machen, bleibt ganz Ihren Vorlieben überlassen. Es ist vollkommen egal, ob Sie laufen, schwimmen, Tennis oder Volleyball spielen, Yoga machen oder das gute alte Fitnessstudio aufsuchen.

Jeder Sport hat positive Effekte auf Ihren Körper. Wenn Sie noch nicht ganz genau wissen, welche Sportart die richtige für Sie ist, probieren Sie einfach Verschiedenes aus. Viele Vereine und Fitnessstudios bieten kostenlose Probetrainings an, sodass Sie ganz unverbindlich diverse Sportarten ausprobieren können. Ich bin mir sicher, dass auch das Passende für Sie dabei ist.

Meditationen sind ebenfalls ein wunderbarer Ausgleich, wenn das Leben und der Alltag wieder einmal stressig sind. Zwar ist die Meditation bereits in der Morgenroutine eingebaut, doch das soll Sie nicht davon abhalten, sie auch in den normalen Alltag zu integrieren. So können Sie zum Beispiel mittags zur Halbzeit, bevor das bekannte Tief kommt, eine kurze Meditation einlegen.

Durch die Meditation kommen Sie zur Ruhe. Sie leben komplett im Hier und Jetzt. Was war und was sein wird, zählt nicht mehr. Was zählt, ist der Augenblick. Die Meditation wird Sie erden und Ihren Stress regelrecht wegfegen.

Sie sehen danach die Dinge viel klarer und können mit einem neuen Blick die kommenden Aufgaben bewältigen.

Es ist wie ein Reset-Knopf, den Sie drücken. Die Meditation ist sehr viel effektiver als ein Powernap. Oft machen uns die kleinen Nickerchen zwischendurch nur noch viel müder, und wir fühlen uns regelrecht überfahren. Nach einer Meditation hingegen sind wir wieder hellwach und haben neue Energie, um die zweite Hälfte des Tages in Angriff zu nehmen. Sie verscheucht negative Gedanken, und wir fühlen uns, als würde ein neuer Tag beginnen.

Die Auszeiten mit Freunden, mit dem Partner oder den eigenen Kindern sind ebenfalls wunderbare Quellen, um neue Energie zu schöpfen. Sie lassen einen den Alltag vergessen, und Sie können sich mit neuer positiver Energie auftanken, die Ihnen Ihr Umfeld bietet. Nehmen Sie sich täglich für Ihre Liebsten Zeit. Besonders für Ihre Familie. Das ist nicht nur für Sie wertvoll, sondern auch für Ihre Familie und Ihre Beziehung zu ihr. Es ist wichtig, dass Sie einen Rückzugsort haben, an dem Sie sich erden und fallen lassen können. Doch Sie müssen auch aktiv Zeit in Ihre Familie investieren, damit Ihnen dieser Rückzugsort erhalten bleibt.

Sie können nicht nur nehmen und am Ende nichts zurückgeben. Die bewusste Auszeit mit Ihrer Familie oder Ihrem Partner wird Ihre Beziehung festigen und stärken. In dieser Zeit gibt es den Alltag und den Stress nicht. Sie sollten stattdessen die Zeit mit Ihrer Familie genießen und sich dabei gegenseitig Kraft schenken.

Nehmen Sie sich auch hin und wieder aktive Zeit nur mit Ihrem Partner. Vor allem wenn Sie Kinder haben, kommt diese Zeit oft viel zu kurz. Doch Sie sind nicht nur Eltern, sondern auch Partner. Gehen Sie doch wieder einmal zu zweit ins Restaurant und unterhalten Sie sich.

Oder fahren Sie übers Wochenende einmal für zwei Tage weg, und genießen Sie die Zeit zu zweit. Das wird Ihre Beziehung auf ein neues Level heben und sie intensivieren. Haben Sie also wieder Dates mit Ihrem Partner, und fühlen Sie die Schmetterlinge!

Ein weiterer Anreiz kann zum Beispiel sein, wenn Sie sich kleine Belohnungen gönnen, wenn Sie ein Zwischenziel erreicht haben. Haben Sie eines erreicht, dann tun Sie etwas nur für sich, und belohnen Sie sich für Ihren Erfolg. Wie diese Belohnung aussieht, können Sie ganz alleine entscheiden und Ihren Bedürfnissen anpassen.

Was würden Sie gerne einmal wieder machen? Was wünschen Sie sich schon länger, haben es sich aber nie gegönnt? Dann ist dieses erreichte Zwischenziel der perfekte Zeitpunkt dafür. Tun Sie etwas für sich und Ihre Seele. Machen Sie sich selbst glücklich. Auch darin drückt sich Selbstliebe aus. Wertschätzen Sie sich für Ihre Erfolge. Schließlich haben Sie es verdient und hart dafür gearbeitet!

Nachwort - Attacke!

Glauben Sie an Ihre Ziele, und Sie werden reich belohnt

Ich habe Ihnen nun alle wichtigen Werkzeuge mitgegeben, die es braucht, damit Sie Ihre Ziele erreichen. Nun liegt es an Ihnen, diese auch zu nutzen und Ihre Ziele zu verwirklichen. Sind Sie bereit für dieses Abenteuer? Sind Sie bereit, Ihr Leben selbst in die Hand zu nehmen und endlich das Leben zu führen, das Sie sich immer gewünscht haben?

Es erfordert einigen Mut, die nächsten Schritte zu gehen. Schließlich treten Sie aus Ihrer Komfortzone heraus. Doch es wird sich lohnen! Es wird sich lohnen, weil Sie dann endlich das Leben führen, das Sie sich immer erträumt haben. Es wird sich lohnen, weil Sie danach unendlich stolz auf sich und auf die Dinge, die Sie erreicht haben, sein werden.

Es wird sich lohnen, weil Sie sich auf dem Weg dahin mit unendlich viel positiver Energie und Motivation füllen. Das hat nicht nur einen enormen Effekt auf Ihre Zielerreichung, sondern auch auf Ihr ganzes Leben. Wollen Sie zu den Menschen gehören, von denen man sich fragt: Wie hat er/sie das bloß geschafft?

Natürlich möchten Sie das! Sonst würden Sie nicht dieses Buch lesen. Also krempeln Sie die Ärmel hoch, und gehen Sie Ihre Ziele an. Ich bin überzeugt davon, dass Sie alles erreichen können, was Sie sich vornehmen. Sie schaffen das. Ich glaube an Sie! Glauben Sie auch an sich.

Tragen Sie diese positiven Gedanken in sich. Setzen Sie die Methoden um, die ich Ihnen gezeigt habe, und dann kann Sie keiner mehr stoppen. Lassen Sie sich nicht von vermeintlichen Niederlagen demotivieren. Stehen Sie wieder auf, rücken Sie sich wieder zurecht, und weiter geht's!

Glauben Sie an das, was Sie tun. Seien Sie überzeugt von dem, was Sie tun. Das ist so viel mehr wert als jeder materielle Besitz. Der Glaube an die eigene Kraft ist sehr wertvoll, und nur wenige Menschen haben diesen Glauben. Heben Sie sich also von diesen Menschen ab, und werden Sie außergewöhnlich!

Fangen Sie jetzt an, an Ihren Zielen zu arbeiten. Die Kombination aus den richtigen, zielorientierten Handlungen und dem Glauben an sich selbst wird Sie zu Höchstleistungen anspornen und schlussendlich zu Erfolg führen. Mit Ihrem Mut werden Sie Berge versetzen.

Ich wünsche Ihnen viel Erfolg dabei und bin mir sicher, dass Ihr Leben in ein paar Monaten schon ganz anders aussehen wird!

Ausgewählte Literaturempfehlungen

SPEED READING

Schneller & besser Lesen

Wie Sie mit einem sicheren Schritt für Schritt System spielend leicht Ihre Lesegeschwindigkeit verdoppeln und Ihre Konzentration nachhaltig steigern

„Ein Muss für alle Wissensgierige!“

– Amazon Kunde

Wie Sie mit Hilfe einer effektiven Schritt für Schritt Formel Ihre Lesegeschwindigkeit verdoppeln und beim Lesen Zeit sparen!

Das Speed Reading Buch zeigt Ihnen einfache Praxis-Strategien auf, mit denen Sie Ihre Lesegeschwindigkeit verdoppeln und dabei Ihre Konzentrationsleistung nachhaltig erhöhen. Sehen Sie das Buch als das, was es ist: Ein sicheres Schritt für Schritt System, das aus Ihnen einen absoluten Speed Reading Profi machen wird. Dank diesem Buch werden Sie nie wieder kostbare Zeit verlieren!

ISBN: 978-1075798542
Matthias Brandt

ZEIT & FOKUS

Konzentriert arbeiten

Wie Sie durch Selbstdisziplin und effektives Zeitmanagement maximale Produktivität erreichen und die geheimen Fokus-Strategien der Super-Erfolgreichen anwenden

„Gibt dem Leser allerhand Werkzeug mit, sein Leben als Meisterwerk zu meißeln."

– Amazon Kunde

Wie Sie auf Knopfdruck konzentriert arbeiten und in weniger Zeit mehr Ergebnisse erzielen.

In seinem neuen Buch *ZEIT & FOKUS* verrät Ihnen Matthias Brandt die bisher noch nie veröffentlichten Strategien der Super-Erfolgreichen. Raffiniertes Zeitmanagement kombiniert mit laserscharfen Fokus, sind die zwei essenziellen Schlüssel für Ihren Erfolg. Dieses Buch ist Ihr persönlicher Leitfaden, wie Sie in kurzer Zeit diese zwei wertvollen Fähigkeiten in sich vereinen.

ISBN: 978-1691263165
Matthias Brandt

Die Top Bestseller im Überblick

RHETORIK

Reden wie ein Profi

Wie Sie ein guter Redner werden, überzeugend auftreten
und Ihre wahrgenommene Kompetenz durch erfolgreiche
Kommunikation erhöhen

„Wichtiges Buch für ein erfolgreiches Leben."

– Amazon Kunde

Das Rhetorik Buch zeigt Ihnen, wie Sie dank einfacher Strategien Ihre Rede- und Überzeugungskünste verbessern.

Dieses Buch bietet Anfängern einen guten Start, um Kommunikation zu meistern. Auch aber bekommen Experten neue Einblicke in die Welt der Rhetorik, was dieses Werk zu einer absoluten Standardlektüre macht, wenn es um die Kunst der Rede geht. Damit auch Sie Ihre Interessen wirkungsvoll durchsetzen und Ihre Mitmenschen nachhaltig für sich gewinnen.

ISBN: 978-1728739243
Julius Loewenstein

Die Rundum-sorglos-Pakete ...

GEWOHNHEITEN ÄNDERN | SELBSTDISZIPLIN | SPEED READING | ZEIT & FOKUS

Das Große 4 in 1 Buch!

Wie Sie mit effektiven Methoden aus der Psychologie
Ihre Motivation und Produktivität maximal steigern

„Essenziell für Leistungsträger. Besser als Doping? Definitiv!“

– Amazon Kunde

„Besser als Doping.“ – Von Spezialisten empfohlen!

Wirksames Zeitmanagement wird in diesem Standardwerk neu definiert. **Profitieren Sie noch heute von Mindset Strategien der Top Profis, die Ihnen das Leben erleichtern und Ihre Konkurrenz tief in den Schatten stellt.** Verboten effektive Methoden aus der Psychologie - für Sie einfach und praxistauglich auf den Punkt gebracht.

ISBN: 979-8602775372
Matthias Brandt

... der Persönlichkeitsentwicklung

RHETORIK | SMALLTALK | SCHLAGFERTIGKEIT | SELBSTBEWUSSTSEIN

Das Große 4 in 1 Buch!

Wie Sie die Kunst der Kommunikation, der Körpersprache
und selbstbewusstes Auftreten erfolgreich meistern

„Standardwerk für erfolgreiche Kommunikation - das wohl mächtigste Buch zum Thema."

– Amazon Kunde

Das Große 4 in 1 Buch vom Bestseller-Autor Julius Loewenstein!

Dieser Klassiker umfasst die vier Dauer-Bestseller von Julius Loewenstein. In diesem Buch werden essenzielle Erfolgsstrategien gebündelt und ungekürzt in vollem Umfang wiedergegeben. Damit Sie das ganze Paket der Persönlichkeitsentwicklung für Ihren Erfolg aus einer Quelle beziehen und dabei kostengünstig auf wertvolles Praxis-Wissen zugreifen!

ISBN: 978-1073655007
Julius Loewenstein

Printed in Poland
by Amazon Fulfillment
Poland Sp. z o.o., Wrocław

80232005R00031